無国籍ヴィーガン食堂「メウノータ」の

野菜がおいしい！
ベジつまみ

meu nota
伴 奈美

はじめまして、
「meu nota（メウノータ）」です

みなさん、はじめまして。
「メウノータ」は「ヴィーガン料理」を提供するカフェ＆食堂です。東京の「高円寺」という、古着屋さんや昔懐かしい日用雑貨店、居酒屋さんからエスニック料理店まで……さまざまな個性がひしめき合う街で、お店を営んでいます。

「ヴィーガン」という言葉をあまりご存じない方のために説明しますと──。
純粋な菜食主義（ベジタリアン）で、お肉やお魚だけでなく、卵や牛乳、チーズといった乳製品も含めて、動物性のものはいっさい食べない食のスタイルのこと。衣類やアクセサリーなど、身につけるものも革製品やウールなどは選ばないという厳格な方もいます。
最近、日本でも「玄米菜食」が支持されるようになってきましたが、健康のために取り入れている人が多いですよね。でも、世界にたくさんいる菜食主義の人々は、動物に対する考え方、宗教上の理由など、さまざまな価値観からそうした食のスタイルを選んでいます。

わたしがこうした料理をつくるようになったのは「メウノータ」を開くずっと前、都心のレストランで働いていたころ。そのお店ではときどき、菜食主義の方やアレルギーを持っている方のために、料理をお出しする機会があったのです。野菜尽くしの料理を考えるうちに、「自分がお店を持つなら、国境も宗教も主義主張も関係なく、だれでも分け隔てなくおいしく食べられる料理がつくりたい」と思うように。その答えが、ヴィーガン料理でした。そして、レシピを考えれば考えるほど、「動物性のものを使わなくても、野菜だけでこんなにおいしい料理がつくれるんだ！」という料理のおもしろさ、奥深さに気づいて、すっかり夢中になってしまったのです。

　わたしの料理に使う材料は、畑でとれたものばっかりで、動物性のものはまったく使っていません。ヘルシーなだけでなく、「おいしいから」という理由で、菜食主義の人でもそうでない人でも、笑顔でお店を訪れてくれます。食のスタイルが異なっても、みんなが一緒にテーブルを囲めるのは素敵なこと。そんな料理のレシピをたくさんの人に知ってほしいという気持ちから、この本をつくりました。

　ヴィーガン料理の難しさは、味つけではないでしょうか。慣れ親しんだお肉やお魚、卵や乳製品といった動物性食材の旨みには満足感があります。それを植物性の食材だけで成立させるには、しっかり野菜の味を引き出す調理法を選んで、1＋1が3にも4にもなって、おいしさが何倍にもふくらむ食材の組み合わせを考えなければいけません。

　そこで、この本でご紹介するのが、ひとつの"もと"を覚えれば、いくつものヴィーガンの"酒のつまみ"をつくれる"展開レシピ"。1章では「ソース」を、2章では乳製品を使わない「チーズ＆バター」を、3章ではいろんな料理に七変化する「パテ」のつくり方をお教えします。

　どのレシピも、すぐにいろんな料理に応用がきいて、しっかりお酒がすすむものばかり。もちろん、普段の食卓にも取り入れていただけます。みんながハッピーな時間を過ごせるメウノータ流・ヴィーガン料理で、ぜひ乾杯してくださいね！

「メウノータ」店主　伴 奈美

a	b	c
		d
e		
f	g	

「meu nota」に込めた思い

ポルトガル語で「meu＝わたし」（文法的には女性形の「minha」となりますが、広い意味でとらえて）、「nota＝レシピ、メモ、音」。料理をする「わたし」、お客さんやアーティストのみなさんも「わたし」。このお店が、関わる人々の思いを表現する場になるようにと願って名づけました。

a 絵描きの近藤康平さんの作品を展示。ライブペインティングのイベントを行うことも。　**b, c** 壁はすべて、スタッフで塗りました。テーブルにはいつも植物を置いています。　**d** 店内が見渡せるキッチン。お客さんの様子に気を配りながら、料理をつくっています。　**e**「メウノータ」に欠かせないのは音楽。月に数回、ライブイベントを開催したり、国内のインディーズアーティストのCDをセレクト販売したりしています。　**f** 豆や雑穀、調味料、シリアルなど、おすすめのおいしいヴィーガン向け食材を店内でも販売。　**g** 定番メニューのほか、旬の野菜を使った料理を日替わりで提供。

contents

はじめまして、メウノータです 3
この本で使っている調味料＆食材、キッチンツールを紹介します 8
料理をつくる前に 9

1. ベジソースでかんたん！レシピ

ベジ・アンチョビオイル 12
　根菜のアヒージョ 13
　ベジ・バーニャカウダ 14
　青ねぎと青菜のジェノバ風ペンネ 16

豆乳オランデーズソース 18
　アマランサスのタラモサラダ風 19
　しいたけのアーモンド揚げ＆豆乳タルタルソース 20
　温かいキャロットラペ　焼きぶどう入り 20

アップルジンジャー・チリソース 22
　凍り豆腐とカリカリお揚げの玄米チャーハン 23
　焼きなすとアボカドのタルタル 24
　れんこんとこんにゃくの竜田揚げ 24

ねぎごま塩なめたけ 26
　チェリートマトのナムル＆即席オイキムチ 27
　ブロッコリーの塩なめたけ山芋ソース 28
　おからの蒸し春巻き 28

メウノータの人気メニューから1　ワインにぴったり、2種のハモス 30
　ひよこ豆のハモス / 黒豆のハモス

メウノータの人気メニューから2　ビールがうまい、やっぱり揚げ物！ 52
　エリンギの磯辺揚げ / ファラフェル

メウノータの人気メニューから3　持ちよりにもぴったり、野菜ケーク・サレ 74
　玉ねぎのケーク・サレ / アボカドのグリーン・ケーク・サレ

メウノータの人気メニューから4　つくり方をいつも聞かれる、シメの一品 76
　雑穀ときのこのボロネーゼ

2. ヴィーガンチーズ＆バターの大満足レシピ

豆乳リコッタチーズ …… 34
    豆乳練乳 / ジンジャーラッシー / スパイシーホットラム …… 35
    豆乳リコッタチーズとトマトのサラダ …… 36
    豆乳リコッタチーズと和ハーブの雑穀玄米サラダ …… 37
    ズッキーニのファルシ　モッツァレラ風 …… 38

酒粕パルミジャーノ …… 40
    酒粕パルミジャーノとメロンのブルスケッタ …… 41
    ヴィーガン・シーザーサラダ …… 42
    カシューナッツクリームのカルボナーラ …… 44

ヴィーガン・バター …… 46
    キャベツのステーキ …… 47
    里芋のローズマリー焼き …… 48
    かぼちゃクッキーのレーズンバターサンド …… 50

3. 野菜パテから広がるレシピいろいろ

基本のじゃがいもパテ …… 56
にんじんパテ …… 58
ほうれん草パテ …… 58
ごぼうパテ …… 59
赤パプリカパテ …… 59

  野菜パテで5つのスープ …… 60
    にんじんと根菜のチャウダー / ごぼうのカプチーノ
    ほうれん草と厚揚げのカレースープ / ヴィシソワーズ
    赤パプリカの冷たいココナッツスープ

    じゃがいもとくるみのテリーヌ …… 64
    にんじんのふわふわパンケーキ …… 66
    ごぼうパテの雑穀玄米リゾット …… 68
    赤パプリカのフジッリ・アラビアータ …… 69
    ごぼうの照り焼きバーグ …… 70
    ほうれん草クリームの野菜グラタン …… 72

おもてなしに役立つ、料理のジャンル別さくいん …… 78

この本で使っている調味料＆食材、キッチンツールを紹介します

食材

A

しょうゆ

国産の丸大豆でつくられたものを選んでいます。伝統的な木樽で1年以上長期熟成させたオーサワの「茜醤油」は、あっさり、すっきりとした旨みなので、特にこの本の野菜料理には合う味です。

B

C

自然塩

精製塩ではなく、ミネラル豊富な自然塩を選んでいます。野菜をゆでたり下味をつけるときは沖縄の「シママース」(左)、揚げ物などに添える塩はベトナムの「カンホアの塩」(右)と、2種類を使い分けています。

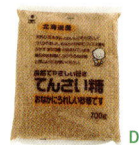
D

てんさい糖

料理に甘みをつけたいときに使っています。砂糖はサトウキビやビート(てんさい)からつくられますが、てんさい糖の原料はビートだけ。お店では、北海道産の「てんさい糖」を愛用しています。

E

りんご酢

アルコールなどを添加せず、りんご果汁を発酵させて酢にしたものを選んでいます。ムソーの「有機アップルビネガー」は有機りんごを使っており、薄めて飲んでもおいしい。

F

みそ

料理の味を左右するので、旨みがありながらクセの強くないものがおすすめ。長野県小諸市・山吹味噌の「無添加 白山吹」は、伝統的な製法でつくられる中辛口の白こしみそです。

G

雑穀ミックス

雑穀ごはんを炊けるミックスは、この本で紹介したサラダなどの料理に大活躍。この「美十穀」は押し麦、粟やヒエなどに加えて、風味のよい青大豆が入っていておいしいです。

H

豆乳

豆乳には「無調整」と「調製」がありますが、この本で使うのは、大豆をそのまま搾った前者。豆腐がつくれる濃厚なタイプは避けて。マルサンアイの「有機豆乳 無調整」は大豆のくさみが少なく、使いやすいです。

I

ココナッツオイル

「ヴィーガン・バター」(P46)に使う、ココナッツの種から抽出した油。香りを残したタイプもありますが、この本では香りなしタイプを使用。オメガ・ニュートリション社の無農薬の「ココナッツオイル」がおすすめです。

J K

ごま油

こうばしさをしっかり出したいときは、焙煎したごまを圧搾法で搾った「オーサワの圧搾ごま油」(左)。素材の味をいかしたいときは、煎らないごまを圧搾した「九鬼太白純正胡麻油」(右)を使うようにしています。

調味料＆食材選びは、料理の味を左右する重要ポイント。「メウノータ」では、できるだけ昔ながらの製法でつくられていて、添加物を使っていない、おいしいものにこだわって選んでいます。また、ヴィーガン料理のバリエーションを広げるために、食材をすりつぶしたり、なめらかにする道具があると便利です。

キッチンツール

なたね油

揚げ油や炒め油にはクセのない「オーサワのなたねサラダ油」(左)。ソースやドレッシング、クッキーには、ナッツのような旨みのあるムソーの「国産なたね油」(右)を使っています。どちらも圧搾法で搾ったもの。

ハンディブレンダー

この本のレシピにはハンディブレンダーがよく登場します。フードプロセッサーやミキサーとの大きな違いは、鍋の中で使えること、食材が熱いうちでもなめらかにつぶせることです。洗いものが少なくてすむこともメリットです。

エキストラバージン
EXVオリーブオイル

ドレッシングなど生食する場合は、しっかりした味わいで有機栽培のイタリア・サポ社「エキストラバージン オリーブオイル」。加熱する場合は、手頃な価格で個性が強すぎないビオカの「有機エキストラバージン オリーブオイル」を使っています。

フードプロセッサー

ハンディブレンダーではつぶしにくい食材（固まったココナッツオイルやもどした豆など、かたくてすべりやすいもの、飛び散りやすいもの）は、フードプロセッサーを使っています。高野豆腐などを手早く粗いみじん切りにする場合も便利です。

問い合わせ先　A J L オーサワジャパン(リマの通販) 0120-328-515　B 青い海 098-992-1140　C カンホアの塩 042-553-7655
D ホクレン農業協同組合連合会 0120-10-3190　E M ムソー 06-6945-5800　F 信州味噌 0120-130-143
G グローバルアイ お客様サービスセンター 0235-25-4192　H マルサンアイ 0120-92-2503
I アトワ(オメガ・ニュートリション社) 022-716-7538　K 九鬼産業 059-350-8615　N ミトク(サポ社) 0120-744-441
O ビオカ 0120-705-123

料理をつくる前に

- 大さじ1は15mℓ、小さじ1は5mℓです。
- 「ひとつまみ」は親指と人さし指と中指の3本でつまんだ分量で、だいたい1g。
「少々」は親指と人さし指でつまんだ分量で、「ひとつまみ」よりもやや少なめです。
- 特に記載していない場合、皮をむかなくても食べられる野菜については、皮ごと調理しています。食感が悪くなったり、料理の色がきれいに仕上がらなかったりする場合は、皮をむいています。
- 「EXVオリーブオイル」は「エキストラバージンオリーブオイル」の略です。
- 冷凍したソースなどはすべて、冷蔵室で自然解凍してから使ってください。
- オーブンは機種によって、温度、焼き時間に多少の差が出るので、レシピに示した時間を目安にして、様子を見ながら焼いてください。

1.

sauce

ベジソースでかんたん！レシピ

動物性の食材をいっさい使わない、
ヴィーガン料理。素材の持ち味を
いかすシンプルな料理もいいけれど、
お酒がすすむのはやっぱり、
コクや旨みのある味つけ。
この章で紹介するソースは、いろいろな
料理に重宝する「使える」ものばかり！

ベジソースが使える、3つの理由

1 **動物性の食材を使わなくても、深いコクと旨み！**
野菜やナッツ、オイルなどを組み合わせて、
コクや旨みをしっかりと感じさせる味わいです。

2 **ストックしておけば、おいしい料理がすぐできる！**
それぞれのソースは冷凍・冷蔵で一定期間、保存OK！
これさえあれば、いろんな料理に使えて便利です。

3 **生野菜や温野菜にそのままつけてもおいしい！**
料理が面倒なときは、シンプルに野菜につけて楽しんで。
それだけで立派なおつまみになるのがうれしい！

ベジ・アンチョビオイル

アンチョビのなんとも言えない旨みにそっくり！ きのこ類とみそ、アーモンドの組み合わせで、あとをひく味わいのオイルが完成します。

材料（できあがり量：約450g）

えのきたけ（みじん切り）… 350g（約2パック分）
マッシュルーム（みじん切り）… 120g（約1パック分）
みそ … 20g
アーモンド（みじん切り）… 50g
EXVオリーブオイル … 240mℓ
塩 … 小さじ2

つくり方

1. 鍋にすべての材料を入れて、ヘラで混ぜながら強火にかける。

2.  ふつふつとオイルが沸いてきたら弱火にして20〜30分、じっくりと材料を焼くようにして煮る。ときどき混ぜる。

3.  きのこ類とアーモンドがキツネ色になり、こうばしい香りがしてきたら火を止めてできあがり。

・オイルで煮るので、焦がさないように目を離さないでください。

便利な使い方

● 野菜を炒めると、コクのある炒め物に。
● お酢やレモンを混ぜて、サラダのドレッシングに。
● 具材をプラスして、パスタソースに。

保存方法：粗熱がとれたら保存容器に移して冷蔵、またはフリーザーバッグに入れて冷凍
保存期間： 冷蔵で2週間 冷凍で2か月

根菜のアヒージョ

スペインバルでおなじみ、にんにくとオリーブオイルで素材を煮込む「アヒージョ」。
ベジ・アンチョビオイルを加えれば、ぐっと野菜の旨みが引き立ちます。

材料（2人分）

れんこん（7mm厚さの半月切り）… 25g
ごぼう（乱切り）… 25g
にんじん（乱切り）… 25g
大根（乱切り）… 25g
カブ（くし形切り）… ½個分
黒オリーブ … 6個

にんにく（スライス）… 1片分
A　ベジ・アンチョビオイル（P12）… 大さじ山盛り1
　EXVオリーブオイル … 大さじ5
　塩 … 小さじ⅓
パセリ（みじん切り）… 適量

つくり方

1　耐火用のうつわに、**A**とパセリ以外のすべての材料を見栄えよく入れる。よく混ぜ合わせた**A**をかける。
2　うつわを直火にかけて、中火で加熱する。ふつふつと沸いてきたら弱火にし、アルミホイルなどをかぶせて、7分ほど加熱する。
3　根菜に火がとおったら、火を止める。飾り用のパセリをちらす。

・れんこんとごぼうは、切ったら水にさらしてアクを抜き、水気をふきとってから加えて。
・耐火用のうつわは、スペインのカスエラやエッグベーカーなどがおすすめ。なければ、小さめのフライパンや鍋でも。

1. sauce　　　　ベジ・アンチョビオイル

ベジ・バーニャカウダ

お店でも人気のイタリアンな一品は、ベジ・アンチョビオイルがおいしさの秘密。
野菜につけて食べると手が止まらない、ワインも止まらない!

材料（つくりやすい分量）

キャベツ、セロリ、にんじん、カブ、きゅうり、パプリカ、トマト、
スナップえんどう（ゆで）、ブロッコリー（ゆで）など、好みの野菜 … 適量
〈バーニャカウダソース〉
　ベジ・アンチョビオイル（P12）… 140g
　国産にんにく … 200g
　無調整豆乳 … 200ml
　水 … 100ml
　塩 … 小さじ1

つくり方

1. 鍋に、〈バーニャカウダソース〉のにんにく、半量の豆乳、水、塩を入れ強火にかけ、沸騰したら弱火にしてアクをとりながら、にんにくがやわらかくなるまでゆでる（a）。ザルにあげて汁気をきる（b）。きった汁は使わない。
2. 1の空いた鍋に、にんにくを戻し、残りの豆乳、ベジ・アンチョビオイルを入れて中火にかける（c）。沸いたら火を止める。
3. 2をハンディブレンダーでなめらかになるまですりつぶす（d）。これでソースの完成。
4. 好みの野菜を盛り合わせ、軽く温めた3を添える。

- 1で豆乳で煮て、にんにくのくさみをしっかりとります。にんにくの風味がついたゆで汁は捨てずに、スープやパスタソースなど、ほかの料理に加えても。
- にんにくは、風味と香りのよい国産を使ってください。
- ハンディブレンダーがなければ、冷ましてからフードプロセッサーにかけるか、すり鉢ですってください。
- 余ったソースは冷蔵で5日、冷凍で2か月、保存可能。

a

b

c

d

青ねぎと青菜のジェノバ風ペンネ

イタリア・ジェノバ地方のバジルを使う緑色のソースを、冷蔵庫に余っている青菜でつくりましょう。ソースは6人分できるので、残りは冷凍保存がおすすめ。

材料（2人分）

〈ジェノベーゼソース〉

冷蔵庫の余り青菜 … 250g
（ほうれん草、小松菜など。キャベツもOK）
青ねぎ（ざく切り） … 75g
にんにく（みじん切り） … 2片分
EXVオリーブオイル … 90ml
ベジ・アンチョビオイル（P12）… 80g
塩 … 小さじ1
黒こしょう … 少々

〈パスタ&仕上げの材料〉

ペンネ … 160g
にんにく（みじん切り） … ½片分
玉ねぎ（1cm幅のくし形切り） … ⅙個分
青菜 … 120g
（ほうれん草、小松菜、キャベツなど3cmの長さに切ったもの）
ミニトマト（半分に切る） … 10個分
EXVオリーブオイル … 大さじ1
塩、黒こしょう … 少々

つくり方

〈ジェノベーゼソース〉をつくる

1. 青菜はゆでて冷水にとり、水気をしっかりしぼってざく切りにする。青菜と残りの材料をすべてボウルに入れ（a）、ハンディブレンダー（またはフードプロセッサー）ですりつぶし、なめらかになったらソースの完成（b）。

パスタをゆでて仕上げる

2. 鍋に湯をたっぷり沸かし、湯量の1％の塩（分量外）を加える。**〈パスタ&仕上げの材料〉**のペンネをパッケージに表示されている時間を目安に、好みのかたさにゆでる（ゆで汁はとっておく）。

3. ペンネをゆでている間に、フライパンに、にんにくとEXVオリーブオイルを入れ、弱火にかける。香りが出て色づいてきたら、玉ねぎ、青菜を加えザッと炒め合わせる。ペンネのゆで汁少々を加えて強火にし、フタをして30秒ほど蒸し焼きにする。

4. ゆであがったペンネ、1の〈ジェノベーゼソース〉150g、ミニトマトを3のフライパンに加えて、中火にかけながらソースが全体によくからむように混ぜる。水分が少なくなったら、またペンネのゆで汁を加えて調整する。最後に塩、黒こしょうで味をととのえる。

- 〈ジェノベーゼソース〉のできあがり量は約450g。300g残るので、あと4人分つくれます。
- 余ったソースは冷蔵で3日、冷凍で2週間、保存可能。

豆乳オランデーズソース

ほんのりレモンの酸味がきいていて、まろやかでクリーミーなオランダ風ソース。牛乳や生クリームを使わず、豆乳だけで仕上げるのがポイントです！

材料（できあがり量：約550g）

玉ねぎ（1cm角に切る）… 250g（約1個分）
なたね油 … 大さじ5
米粉 … 30g
塩 … 小さじ2

A　無調整豆乳 … 300mℓ
　　レモンのしぼり汁 … 大さじ3（約1個分）
　　レモンの皮（黄色い部分のみすりおろす）
　　　… 1個分

つくり方

1. 鍋になたね油を入れ、強火にかける。油が温まってきたら玉ねぎ、塩を入れ、透きとおって甘みが出るまで、じっくり炒める。

2. 米粉を加えて混ぜ、全体になじんだら、Aを順に加えて中火にする。

3. ひと煮立ちしたら火を止める。ハンディブレンダーで攪拌し、なめらかになったらできあがり。

- 温かいまま使っても、冷やしても、どちらでもおいしいソースです。
- 米粉を使うことで、とろみがつきます。

保存方法：粗熱がとれたら保存容器に移して冷蔵、またはフリーザーバッグに入れて冷凍
保存期間：冷蔵で5日　冷凍で2か月

便利な使い方

● マヨネーズ感覚で、蒸し野菜にかけて。
● 野菜にかけて、オーブン焼きに。
● しょうゆとすりおろし野菜（玉ねぎや大根、にんじんなど）を加えて、和風ドレッシングに。

アマランサスのタラモサラダ風

アマランサスのつぶつぶ感がまるでタラコ！ できたての温かいままでも、
冷蔵庫で冷やしても、どちらでもおいしくいただけます。

材料（つくりやすい分量）

A　アマランサス … 50g
　　じゃがいも（乱切り）… 250g
　　トマト（ざく切り）… ½個分
　　にんにく … 1片
　　水 … 100mℓ
　　バルサミコ酢 … 小さじ½
　　塩 … 小さじ½
B　豆乳オランデーズソース（P18）… 80g
　　EXVオリーブオイル … 大さじ1
　　しょうゆ … 小さじ½
塩、黒こしょう、カイエンペッパー … 少々
小ねぎ（小口切り）… 小さじ1
バゲット（5mmスライス）… 適量

つくり方

1　圧力鍋にAを入れてフタをする。強火にかけ、おもりから蒸気が出て圧力がかかり始めたら、弱火で6分加熱して火を止める。
2　1の圧力鍋のピンが下がったらフタを開け、マッシャーで全体をつぶす。
3　Bをよく混ぜ合わせて、2に加え混ぜる。塩、黒こしょう、カイエンペッパーで味をととのえる。うつわに盛ってバゲットを添え、小ねぎをちらす。

・圧力鍋がない場合は、鍋にフタをして強火にかけ、沸騰したら弱火で15分煮て。

しいたけのアーモンド揚げ & 豆乳タルタルソース

アーモンドスライスをまぶして、ふわっとこうばしく揚げます。
豆乳タルタルソースをたっぷりつけたら、たまらないおいしさ!

材料(4人分)

しいたけ(石づきのかたい部分を取り除く)… 8個
アーモンドスライス … 適量
揚げ油(なたね油など)… 適量

〈フリッター生地〉
　全粒薄力粉 … 60g
　炭酸水 … 80mℓ
　塩 … ひとつまみ

〈豆乳タルタルソース〉
　玉ねぎ(みじん切り)… ¼個分
　ケイパー(みじん切り)… 5g
　豆乳オランデーズソース(P18)… 50g
　白ワインビネガー … 小さじ1
　塩、黒こしょう … 少々
　パセリ(みじん切り)… 少々

つくり方

1 〈豆乳タルタルソース〉をつくる。玉ねぎはあらかじめ水にさらして辛みをとり、水気をしっかりしぼっておく。パセリ以外のすべての材料をボウルに入れて混ぜ合わせたら完成。小皿に盛り、パセリをふる。

2 〈フリッター生地〉をつくる。全粒薄力粉に塩、炭酸水を加えて、菜箸でさっくり混ぜ合わせる。粉っぽさが残っていてもよい。

3 しいたけを 2 にくぐらせて、アーモンドスライスを全体にまぶしつける。180℃に熱した揚げ油で、キツネ色になるまで揚げる。うつわに盛り、1 を添える。

- しいたけの代わりに、マッシュルームや蒸しにんじんでもおいしいです。
- 〈豆乳タルタルソース〉は、フライにもぴったり。

温かいキャロットラペ　焼きぶどう入り

フランスで定番のにんじんサラダ、キャロットラペのホットバージョン。
豆乳オランデーズソースとセミドライに焼いた巨峰の甘みが、にんじんに合います。

材料(4人分)

にんじん(せん切り)… 150g
玉ねぎ(スライス)… ⅙個分
レタス(せん切り)… 3枚分
タイム(飾り用)… 適量

A **豆乳オランデーズソース**(P18)… 120g
　粒マスタード … 小さじ山盛り1
　EXVオリーブオイル … 大さじ1
　塩、黒こしょう … 少々

〈焼きぶどう〉
　巨峰(皮つきのまま縦半分にカットし種を取り除く)
　　… 10粒分
　EXVオリーブオイル … 大さじ1

つくり方

1 〈焼きぶどう〉をつくる。オーブンペーパーを敷いた天板に巨峰を断面を上にして並べ、EXVオリーブオイルをふりかける。180℃に予熱したオーブンに入れ、20分ほど焼いて取り出す。

2 沸騰した湯に、にんじん、玉ねぎ、レタス、塩ひとつまみ(分量外)の順に入れてひと煮立ちさせる。1分ゆでたら、ザルにあげてしっかり水気をきる。

3 ボウルに 1 の〈焼きぶどう〉、2 を入れ、温かいうちに A で和える。うつわに盛り、タイムを散らす。

- 冷やしてもおいしいサラダです。
- 〈焼きぶどう〉をつくるのが面倒なときは、干しぶどうを使って。

1. sauce　　　豆乳オランデーズソース

アップルジンジャー・チリソース

りんごの甘みとしょうがの辛みで、東南アジアのスイート・チリソース風。ナンプラーを使わなくても、とびっきりエスニックな料理がつくれます。

材料（できあがり量：約500g）

りんご（すりおろす）… 450g（約2個分）
しょうが（すりおろす）… 50g
りんご酢 … 100mℓ
水 … 100mℓ
てんさい糖 … 大さじ4
しょうゆ … 大さじ4½
塩 … 小さじ1
A にんにく（みじん切り）… 3片分
　唐辛子（湯でもどし、種を除いてみじん切り）
　… 5本分

つくり方

1  Aを除く材料をすべて鍋に入れて、中火にかける。煮立ったら弱火に落として、10分ほど煮る。

2  Aを加えて、さらに2分ほど煮てにんにくの風味を引き出す。

3  少しもったりとしてきたら、火を止めてできあがり。

- 唐辛子の量は好みで調節してください。てんさい糖の代わりに米あめを加えると、照りがでます。
- 半量のトマトピューレを足すと、焼き肉のタレ風の味に。バーベキューにもぴったり！

保存方法：粗熱がとれたら保存容器に移して冷蔵、またはフリーザーバッグに入れて冷凍
保存期間：冷蔵で2週間　冷凍で2か月

便利な使い方

● カリッと焼いた厚揚げや油揚げにのせて。
● 素揚げした野菜に添えて。
● せん切り野菜と共に、冷たい麺と和えて。

凍り豆腐とカリカリお揚げの
玄米チャーハン

肉そぼろのような凍り豆腐とこうばしい油揚げが食べごたえあり。
ほんのり甘いチリソースで味つけした、南国風味のチャーハンです。

材料（2人分）

凍り豆腐（つくり方は右下参照）… 1丁分
油揚げ（せん切り）… 3枚分
ゴーヤ（5mm厚さの半月切り）… 1本分
炊いた玄米（温かいもの）… 360g
アップルジンジャー・チリソース（P22）
　　… 大さじ山盛り3
なたね油 … 大さじ2
ごま油 … 小さじ1
塩、黒こしょう … 適量
小ねぎ（小口切り）… 大さじ1

つくり方

1　フライパンを弱火にかけ、油揚げをカリカリになるまで炒める（油はひかない）。取り出しておく。

2　1の空いたフライパンになたね油をひいて強火にかけ、大きめのそぼろ状に手でほぐした凍り豆腐、ゴーヤ、塩ひとつまみを入れて、1分ほど炒める。

3　2に玄米を加えて、鍋肌に焼きつけるようにして、こうばしく炒める。

4　3にアップルジンジャー・チリソースを鍋肌から加え、炒めながら全体にソースをからませる。塩、黒こしょう少々で味をととのえて、ごま油をまわしかけて火を止める。うつわに盛り、その上に1をふんわりと盛り、小ねぎをちらす。

・材料の「凍り豆腐」は、木綿豆腐をひと晩、冷凍庫で凍らせただけのもの。室温解凍か、流水を直に当てて解凍し、水気をしぼって使います。

焼きなすとアボカドのタルタル

こうばしく焼いたなすに、まったりしたアボカド。赤玉ねぎやパクチーも
プラスしてチリソースで和えればアジア風! ビールにもぴったり。

材料(2人分)

- なす … 3本
- アボカド(1cm角に切る)… ½個分
- 赤玉ねぎ … ¼個
- パクチー … 1株
- ミニトマト(輪切り)… 2個分
- **アップルジンジャー・チリソース**(P22)
  … 大さじ3
- 松の実 … 小さじ1
- 塩、黒こしょう … 少々
- ごま油 … 小さじ1

つくり方

1. 赤玉ねぎは5mm角に切り、水にさらして辛味を抜き、水気をきる。パクチーは茎と葉に分け、茎は小口切りにする。
2. 焼きなすをつくる。なすのヘタの周囲にぐるっと切り込みを入れ、お尻からヘタに向かって箸を刺して通し、穴を開ける(破裂を防ぎ、火のとおりをよくする)。ガスコンロに焼き網を敷き、なすをのせて強火で焼く。ときどき返し、皮の全面が真っ黒に焦げるまで焼いたら、ボウルに入れてラップを被せ、5分ほどおく。皮をむき、1cm角に切って冷ます。
3. ボウルに2のなす、アボカド、1の赤玉ねぎとパクチーの茎、ミニトマトを入れ、アップルジンジャー・チリソースで和える。塩、黒こしょうで味をととのえたら、うつわに盛る。仕上げにパクチーの葉を飾って松の実をちらし、ごま油をまわしかける。

・焼きなすの皮は、実と皮の間に竹串を入れてむくと、きれいにむけます。熱いので火傷に気をつけて。

れんこんとこんにゃくの竜田揚げ

さっくりもっちりのれんこん、くにゃっとしたこんにゃく。歯ごたえの
コントラストがたまらない竜田揚げには、チリソースがぴったり!

材料(4人分)

- こんにゃく … ½枚(200g)
- れんこん … 200g
- **A** **アップルジンジャー・チリソース**(P22)
  … 大さじ4
  しょうゆ … 大さじ2
  水 … 50mℓ
- 片栗粉 … 適量
- 揚げ油(なたね油など)… 適量
- **アップルジンジャー・チリソース**(P22)
  … 適量
- 小ねぎ … 適量
- レモン(くし形切り)… 適量

つくり方

1. こんにゃくは手でひとくち大にちぎり、沸騰した湯で2分ほど湯通ししてくさみを抜く。ザルにあげて水気をきる。
2. れんこんは1.5cm厚さの半月切りにし、5分ほど水にさらす。蒸気のあがった蒸し器で、5分ほど蒸す。
3. ポリ袋に1と2を入れ、**A**をもみこんで30分ほど下味をつける。
4. 3の水気を軽くきって片栗粉をまぶし、180℃に熱した揚げ油で、キツネ色になるまでカリッと揚げる。うつわに盛り、小ねぎをちらしたアップルジンジャー・チリソースとレモンを添える。

・れんこんは蒸さずに揚げてもかまいません。
シャクッとした歯ごたえになります。

アップルジンジャー・チリソース

ねぎごま塩なめたけ

ニッポンの定番保存食、なめたけ。しょうゆ味ではなく塩味でつくると、きのこのソースとしていろいろな料理に活用できて使い勝手ばつぐんです。

材料（できあがり量：約650g）

えのきたけ（1cm長さに切る）… 500g（約3パック分）
長ねぎ（みじん切り）… 160g（約1本分）
干ししいたけ … 5g（1枚を水200mlでもどし、みじん切り。もどし汁も使う）
ごま油（太白）… 大さじ1
炒りごま（白）… 大さじ2
塩 … 大さじ1
みりん … 大さじ4

つくり方

1  鍋にごま油、長ねぎを入れて弱火にかける。香りがたってきたら、えのきたけと残りの材料（干ししいたけのもどし汁も）をすべて加えて強火にする。

2  煮立ったら中火に落とし、15〜20分煮る。煮ている間、焦げつかないようにときどき混ぜて。

3  水気がなくなり、半分程度にまで量が減ったら、火を止めてできあがり。

・塩をしょうゆ大さじ4に置き換えれば、しょうゆ味のなめたけになります。

便利な使い方

● 炊きたてのごはんにのせたり、納豆に混ぜたり。
● 冷たいそばやうどんと和えて。
● 冷や奴にのせたり、豆腐ステーキのソースにしたり。

保存方法：粗熱がとれたら保存容器に移して冷蔵、またはフリーザーバッグに入れて冷凍
保存期間： 冷蔵で5日　冷凍で1か月

チェリートマトのナムル＆即席オイキムチ

ねぎごま塩なめたけがあれば、韓国風のナムルやオイキムチがおいしくつくれます。
さっぱりしているのに、お酒がすすむ味。ついつい箸が止まらなくなりそう。

材料（つくりやすい分量）

〈チェリートマトのナムル〉
チェリートマト
（ミニトマトでも可、縦半分に切る）… 10個分
ねぎごま塩なめたけ（P26）… 大さじ4
ごま油 … 小さじ2
黒こしょう … 少々
小ねぎ（小口切り）… 大さじ1

〈即席オイキムチ〉
きゅうり … 4本
塩 … 小さじ2
A ねぎごま塩なめたけ（P26）… 100g
大根（3cm長さのせん切り）… 100g
にんじん（3cm長さのせん切り）… 80g
しょうが（すりおろす）… 大さじ1
にんにく（すりおろす）… ½片分
唐辛子（種を除いて輪切り）… 1本分
レモンの皮（黄色い部分のみすりおろす）… 1個分
レモンのしぼり汁 … 大さじ1½
ごま油 … 大さじ1

つくり方

1. 〈**チェリートマトのナムル**〉をつくる。すべての材料を和えて、冷蔵庫で30分ほど味をなじませるだけで完成。

2. 〈**即席オイキムチ**〉をつくる。Aをボウルで和えて、15分ほどおいて味をなじませる。

3. 板ずりしたきゅうりの両端を切り落として2等分し、端を1cmだけ残して十字に切り込みを入れる（a）。内側までしっかり塩をもみこみ、15分ほどおいたら出てきた水気をきる。

4. 3の切り込み部分に四方から2を挟み、保存容器に並べて、冷蔵庫で1時間〜ひと晩おき、味をなじませる。

a

- ミニトマトのなかでも甘みの強いチェリートマトを使うのがおすすめ。
- オイキムチの大根とにんじんは、繊維に沿ってせん切りにすると食感よく仕上がります。

ブロッコリーの塩なめたけ山芋ソース

旨みのあるすりおろした山芋に、ねぎごま塩なめたけを混ぜ合わせるだけ。
この絶品ソース、オイルを加えないからとってもヘルシーです。

材料（つくりやすい分量）

ブロッコリー（小房に分けてゆでる）… 1株分
山芋（皮をむいてすりおろす）… 60g
ねぎごま塩なめたけ（P26）… 60g

つくり方

1. ボウルに山芋とねぎごま塩なめたけを入れ混ぜ合わせる。
2. ブロッコリーをうつわに盛り、1をかける。

・山芋は水分が多くさらさらした長芋ではなく、むっちりして味の濃い大和芋などがおすすめ。

おからの蒸し春巻き

コクのあるねぎごま塩なめたけでおからを味つけ。そのまま生春巻きの皮で
包んで蒸し上げます。ベトナム風の甘辛いピーナッツソースがよく合います。

材料（10本分）

ライスペーパー … 10枚
青じそ … 10枚
もやし … 50本
A　おから … 100g
　　ねぎごま塩なめたけ（P26）… 100g
　　にんじん（せん切り）… 20g
　　干ししいたけ（もどして水気をしぼってみじん切り）
　　　… 2枚分
　　しょうゆ … 小さじ1
〈メープルピーナッツソース〉
　　ピーナッツバター（無糖）… 70g
　　しょうゆ、玄米黒酢、メープルシロップ
　　　… 各小さじ5
　　しょうが（すりおろす）… 大さじ1
　　唐辛子（粗く砕く）… ½本分
　　ピーナッツ（きざむ）… 大さじ1

つくり方

1. ボウルにAを入れてよく混ぜ合わせ、10等分する。
2. ライスペーパーを水（分量外）にくぐらせてもどし、青じそ、1、もやし5本の順でのせて（a）、手前から巻いて包む。巻き終わったらバットに並べて、ライスペーパーが乾かないように、かたくしぼった濡れ布巾をかけておく。
3. 蒸気のあがった蒸し器にオーブンペーパーを敷き、2を隣同士がくっつかないように並べて、4分ほど蒸す。
4. 〈メープルピーナッツソース〉の唐辛子とピーナッツ以外の材料を混ぜ合わせる。蒸し上がった春巻きをうつわに盛り、〈メープルピーナッツソース〉に唐辛子とピーナッツをトッピングして添える。

・ライスペーパーは、ザラザラした面が内側になるようにして具材を包んで。

1. sauce

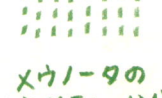

メウノータの人気メニューから

1 ワインにぴったり、2種のハモス

「ハモス」とは、「フムス」とも呼ばれる、中東でおなじみの豆のペースト。お店ではお酒のつまみに人気！ ここでは、家庭でつくりやすいレシピにアレンジしました。どちらもたっぷりできます。冷蔵で3日、冷凍で1か月、保存可能です。

ひよこ豆のハモス

初めてニューヨークを訪れたときに出合って、そのおいしさに大感激！ そのときに食べたものに近い味を再現して、お店のメニューにしています。

材料（つくりやすい分量）

ひよこ豆（乾燥）… 200g
A　タヒニ（無糖の白ごまペーストで代用可）… 20g
　　すりごま（白）… 大さじ½
　　にんにく（すりおろす）… ½片分
　　しょうが（すりおろす）… 小さじ1弱
　　レモン汁 … 大さじ1
　　クミンパウダー … 5g
　　EXVオリーブオイル … 大さじ5
　　塩 … 小さじ2

〈トッピング〉
パセリ（みじん切り）… 少々
パプリカパウダー … 少々
黒こしょう … 少々
EXVオリーブオイル … 適量
レモン（スライス）… 適量

つくり方

1. ひよこ豆は米をとぐ要領で洗い、豆の3倍量の水（分量外）にひと晩浸してもどす。
2. 鍋に1をもどし汁ごと入れて、強火にかける。沸騰したらザルにあけて、豆を水でサッと洗う。
3. 2を鍋に戻し、新しい水をひたひたに入れて強火にかける。沸騰したら弱火にして、アクをとりながら豆がやわらかくなるまで40分～1時間ほど煮る（途中で水が少なくなったら足す）。豆が指でつぶせるくらいにやわらかくなったら火を止め、小さじ1（分量外）の塩を加えて、ゆで汁に浸したまま冷ます。
4. 3のゆで汁120mlを残し、ザルで水気をきる。飾り用の豆を大さじ3、取り分けておく。ボウルに豆と残しておいたゆで汁、Aを入れてハンディブレンダー（またはフードプロセッサー）でつぶし、なめらかになるまで混ぜ合わせたら完成。
5. 皿に盛り、4で取り分けておいた飾り用の豆をのせる。〈トッピング〉のパセリ、パプリカパウダー、黒こしょうをふり、EXVオリーブオイル大さじ1をまわしかけ、レモンを飾る。

タヒニ

- 「タヒニ」は中東で使われる白ごまペースト。お店では「アリサン」（問い合わせ先/テングナチュラルフーズ tel 042-982-4811）の有機認定の製品を愛用しています。

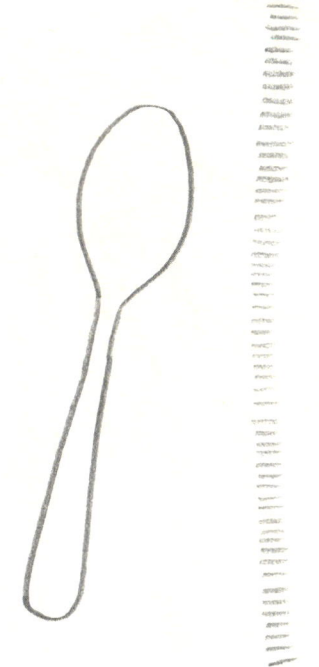

黒豆のハモス

ハモスを黒豆でつくったら、「まるでレバーペーストみたいな旨みとコク」と
お店でも評判のメニューになりました。赤ワインによく合います!

材料（つくりやすい分量）

黒豆（乾燥）… 200g

A　すりごま（黒）… 大さじ2
　　にんにく（すりおろす）… ½片分
　　レモン汁 … 小さじ2½
　　バルサミコ酢 … 小さじ1
　　コリアンダーパウダー … ひとつまみ
　　黒こしょう … ひとつまみ
　　EXVオリーブオイル … 大さじ5
　　塩 … 小さじ2

〈トッピング〉

　パセリ（みじん切り）… 少々
　パプリカパウダー … 少々
　黒こしょう … 少々
　EXVオリーブオイル … 適量
　レモン（スライス）… 適量

つくり方

1　黒豆はサッと洗い、豆の3倍量の水（分量外）にひと晩浸してもどす。

2　鍋に1をもどし汁ごと入れて強火にかける。沸騰したら弱火にして、アクをとりながら豆がやわらかくなるまで40分～1時間ほど煮る（途中で水が少なくなったら足す）。

3　豆がやわらかくなったら火を止め、小さじ1（分量外）の塩を加えて、ゆで汁に浸したまま冷ます。

4　あとは「ひよこ豆のハモス」のつくり方4、5と同じ。ただし、豆のゆで汁は200mlを残してつくってください。

- ひよこ豆は一度ゆでこぼしますが、黒豆はその必要はありません。
- ひよこ豆、黒豆のいずれも、ハンディブレンダーやフードプロセッサーがない場合は、すり鉢ですってください。

圧力鍋で豆を煮る　お店では、豆はいつも圧力鍋で煮ます。豆を3倍量の水にひと晩浸してもどし、圧力鍋にもどし汁ごと入れて強火にかけます。沸騰してアクをとったらフタをして、圧力鍋のメーカーが指示する時間で加熱して。一般的な圧力鍋なら、おもりが振れてから15～20分程度が目安です。

2.
cheese, butter

ヴィーガンチーズ＆バターの大満足レシピ

乳製品をいっさい使わず、
植物性の材料だけでチーズ＆バターの味！
独特の発酵の旨みを豆乳や酒粕で表現したチーズ、
まろやかでミルキーなココナッツミルクのバターが
あれば、ヴィーガン料理のレパートリーが
広がります。ワインにもぴったり！

ヴィーガンチーズ & バターが
おいしい、3つの理由

1　**乳製品のような旨みとコク、ミルキーな味は満足感あり！**
豆乳や酒粕、ココナッツオイルなどの絶妙な配合を試行錯誤して、
限りなく乳製品のおいしさに近づけた、とっておきのレシピです。

2　**洋風のレシピのレパートリーが広がる！**
一般的には乳製品を使うことの多い洋風料理が、おいしくつくれ
ます。ワインに合う一品もあっという間に完成！

3　**そのままでも手軽に味わえる！**
チーズはそのまま食べたり、サラダのトッピングにしたり。
バターは軽くトーストしたパンに塗れば、最高においしい！

豆乳リコッタチーズ

脂肪分が少なく、さっぱりとした味わいが特徴のリコッタチーズを豆乳でつくります。りんご酢、EXVオリーブオイルを組み合わせて、チーズらしいコクと発酵の風味に。

材料（できあがり量：約550g）

無調整豆乳 … 1ℓ
りんご酢 … 小さじ5
EXVオリーブオイル … 小さじ6
塩 … 小さじ1

つくり方

1  鍋に豆乳を入れて中火にかけ、ふつふつとしてきたら、りんご酢を混ぜる。

2 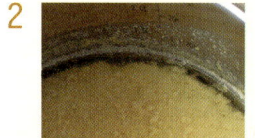 沸騰したら火を止めて、15分ほどそのままおく。液体部分が透明になるまで、しっかり分離させる。

3  ボウルにザルを重ねてクッキングペーパーを敷き、2の水分をしっかりきる（ボウルに残った液体は、あとで「豆乳練乳」にするのがおすすめ）。

4  水分をきり、リコッタチーズ状に固まった豆乳に、EXVオリーブオイル、塩を混ぜ合わせる。

保存方法：保存容器に移し、完全に冷めてから冷蔵する
保存期間：冷蔵で1週間

・3で残った液体は「豆乳乳清」です。捨てずに、右ページの「豆乳練乳」をつくりましょう。

便利な使い方

● バゲットにのせて、サンドイッチの具に。
● シンプルなサラダに和えて。
● フルーツにトッピングすればお酒にぴったり。

「豆乳練乳」&ドリンクレシピ

豆乳練乳

左ページの「豆乳リコッタチーズ」をつくるときに残る「豆乳乳清」。豆乳の栄養が溶け出しているので、練乳をつくって、ムダなく使いきるのがおすすめです。

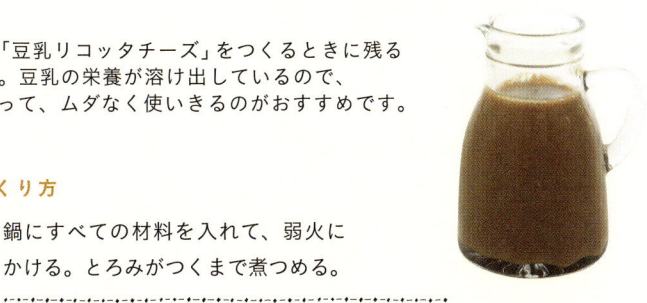

材料（つくりやすい分量）
豆乳乳清（P34）… 400mℓ
無調整豆乳 … 400mℓ
てんさい糖 … 200g

つくり方
1 鍋にすべての材料を入れて、弱火にかける。とろみがつくまで煮つめる。

・ビンなどの保存容器に入れて冷蔵で2週間、保存可能。

ジンジャーラッシー

豆乳練乳のおかげで、ヨーグルトを使わなくても乳製品みたいにミルキー。しょうがの風味がアクセント！

材料（1人分）
無調整豆乳 … 150mℓ
豆乳練乳 … 大さじ2
しょうが（すりおろす）
　… 小さじ1
レモン汁 … 小さじ1
ミント（飾り用）… 適量

つくり方
1 ミント以外の材料を混ぜ合わせて、氷を入れたグラスに注ぐ。ミントを上に飾る。

・しょうが抜きでつくれば、プレーンなラッシーになります。

スパイシーホットラム

豆乳練乳とラムを使った、ホットカクテル。
スパイシーな香り、ほんのり甘い練乳にやすらぎます。

材料（1人分）
ダークラム … 90mℓ
水 … 100mℓ
豆乳練乳 … 大さじ1強
クローブ … 2粒
シナモンパウダー … 少々
ライム、シナモンスティック
　（飾り用）… 適量

つくり方
1 ライムとシナモンスティック以外の材料を鍋に入れて中火にかけ、沸騰直前で火を止める。
2 1をカップに注ぎ、ライムとシナモンスティックを添える。

・お酒が苦手な人は、ラム＋水の分量を紅茶に置き換えて。甘さ控えめのチャイになります（ライムは使いません）。

豆乳リコッタチーズとトマトのサラダ

豆乳でできているチーズだから、たっぷり加えてもとってもヘルシー！
チーズみたいなコクと風味が、トマトの甘みを引き立てます。

材料（2人分）

豆乳リコッタチーズ（P34）… 大さじ山盛り4
トマト（大）… 1個
玉ねぎ … ⅛個
ベビーリーフ … 50g
バジル … 6枚
塩、黒こしょう … 少々
〈赤ワインビネガードレッシング〉
　EXVオリーブオイル … 大さじ1½
　赤ワインビネガー … 小さじ1
　塩 … 小さじ⅓

つくり方

1　トマトはくし形切りに、1個を8等分する。玉ねぎはスライスして水にさらし、水気をきる。
2　ボウルに1、豆乳リコッタチーズ、ベビーリーフ、バジルを入れる。よく混ぜ合わせた〈赤ワインビネガードレッシング〉で和える。塩、黒こしょうで味をととのえる。

・トマトは、フルーツトマトやミニトマトなど、いろいろなトマトを組み合わせるときれいです。

豆乳リコッタチーズと和ハーブの雑穀玄米サラダ

青じそや小ねぎ、みょうがなど、和のハーブがたっぷり!
野菜の種類や量は好みで加減してOK。ドレッシングに使った梅肉の酸味もさわやか!

材料(2人分)

雑穀入り玄米ごはん(かために炊いて冷ましたもの)… 100g
豆乳リコッタチーズ(P34)… 大さじ山盛り3
水菜(3cm長さのざく切り)… 50g
サラダ菜(食べやすい大きさにちぎる)… 5枚分
きゅうり(小口切り)… ½本分
青じそ(せん切り)… 4枚分
小ねぎ(3cm長さ)… 1本分
玉ねぎ(薄切りにして水にさらし、水気をきる)… ⅛個分
みょうが(薄切りにして水にさらし、水気をきる)… 2本分
しょうが(せん切りにして水にさらし、水気をきる)… 15g
炒りごま(白)… 小さじ1
〈梅ドレッシング〉
　梅肉 … 小さじ2
　EXVオリーブオイル … 大さじ1
　しょうゆ … 小さじ½

つくり方

1. すべての材料をボウルに入れる。よく混ぜ合わせた〈梅ドレッシング〉で和える。
2. うつわに余っているサラダ菜(分量外)があれば敷き、1を盛る。

・「雑穀入り玄米ごはん」は、市販の「雑穀ミックス」を混ぜて炊いたものならなんでもOK!
・玄米は、水の量を減らしてかために炊いておくと、サラダやリゾットをつくるのに便利。お店では、圧力鍋で炊いています。洗って水をきった玄米500g(漫水しません)、雑穀ミックス50g、水500mℓ、塩ひとつまみを入れてフタをし、強火にかけます。圧がかかっておもりが振れたら、ごく弱火で20分加熱して火を止めます。余ったら小分けにして冷凍します。

2. cheese, butter　　　豆乳リコッタチーズ

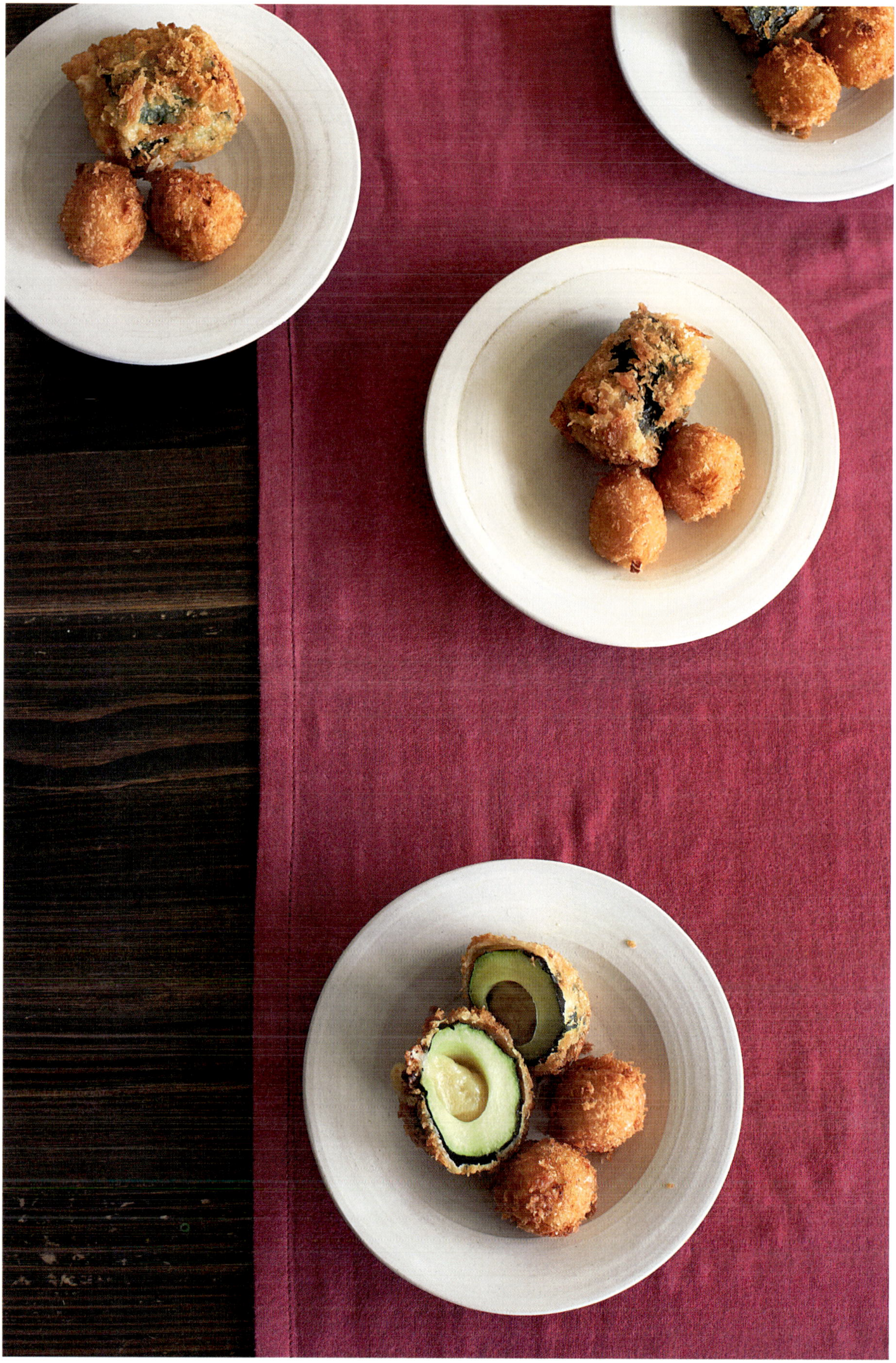

ズッキーニのファルシ　モッツァレラ風

豆乳リコッタチーズに白玉粉を混ぜれば、まるでモッツァレラチーズ！
もっちりしたチーズ生地をズッキーニに詰めて揚げた、イタリア風のフライです。

材料（4人分）

ズッキーニ … 2本
揚げ油（なたね油など）… 適量
〈豆乳モッツァレラ〉
　豆乳リコッタチーズ（P34）… 100g
　白玉粉 … 60g
　白ワインビネガー … 小さじ½
　塩 … 小さじ½
〈衣〉
　薄力粉 … 40g
　水 … 小さじ3
　塩 … ひとつまみ
　パン粉 … 適量

つくり方

1　〈豆乳モッツァレラ〉の材料をボウルに入れ、白玉粉のつぶがなくなるまでしっかりこねる（a）。
2　ズッキーニは1本を4等分に切る。りんごの芯抜きで中心部分をくり抜き、1の〈豆乳モッツァレラ〉を細長い形状にして、穴にみっちりと詰める（b）。
3　2でくり抜いたズッキーニの芯を2等分して、残った〈豆乳モッツァレラ〉で包み、団子状に丸める（c）。
4　〈衣〉のパン粉以外を混ぜ合わせる。2と3をくぐらせて、パン粉をまぶす。
5　4の詰めものをしたズッキーニのほうは、165〜170℃の揚げ油で7〜8分、キツネ色になるまで揚げる。3のズッキーニの芯を包んだ団子のほうは、180℃で3分ほど揚げる。

・くり抜いた芯も、ムダなくおいしく食べきりましょう！

酒粕パルミジャーノ

パルミジャーノは「パルメザンチーズ」とも呼ばれる旨みたっぷりのチーズ。酒粕とアーモンドパウダーを組み合わせて焼くと、そっくりの味に。お酒に合うので、そのままでもどうぞ。

材料（できあがり量：20×30cmのシート2枚）

酒粕 … 150g
アーモンドパウダー … 150g
塩 … 小さじ1

つくり方

1. ボウルにすべての材料を入れ、スケッパーで切り混ぜる。

2. 生地が細かくなってきたら、両手ですり合わせるように混ぜ、そぼろ状にする。全体がまとまるまでこね続ける。

3. 生地を2等分してそれぞれオーブンペーパーで挟み、めん棒で1〜2mmの厚さ、20×30cmにのばす（同じものを2枚つくる）。

4. 上に被せたオーブンペーパーをはがし、そのまま天板にのせ、100℃に予熱したオーブンで70分焼く。焼き上がったらペーパーにのせたまま、網の上などで冷ます。

保存方法：完全に冷めたら割って、密閉容器に入れる
保存期間：常温で2週間

- 酒粕の水分が少なくてまとまりにくい場合は、ごく少量の水を加えてください。
- オーブンに100℃の設定がない場合は、最低の温度設定で、様子を見ながら短めに焼いて。
- 生地をのばした焼く前の状態で、冷凍もしておけます。オーブンペーパーに挟んだままフリーザーバッグに入れて、1か月保存可能。焼くときは、上のシートをはがして、解凍せずそのまま焼いてください。

便利な使い方

● シンプルなサラダのトッピングに。
● メープルシロップをたらしておつまみに。
● 砕いて粉チーズにして、パスタにふりかけて。

酒粕パルミジャーノとメロンのブルスケッタ

チーズのような発酵の旨みがきいた酒粕パルミジャーノとフレッシュフルーツ。
甘みと塩気の組み合わせは、まさにワインにぴったり、大人の味!

材料(つくりやすい分量)

酒粕パルミジャーノ (P40) … 適量
メロン … 適量
マカダミアナッツ(砕く) … 適量
ディル … 適量
黒こしょう … 適量

つくり方

1. 酒粕パルミジャーノは食べやすい大きさに割り、皮をむいて5mm厚さのひとくち大にカットしたメロンをのせる。マカダミアナッツとディルをトッピングし、黒こしょうをふる。

- 洋梨や桃、いちじくなど、季節のフルーツでアレンジ自由。ナッツやハーブも好みのものでためして。

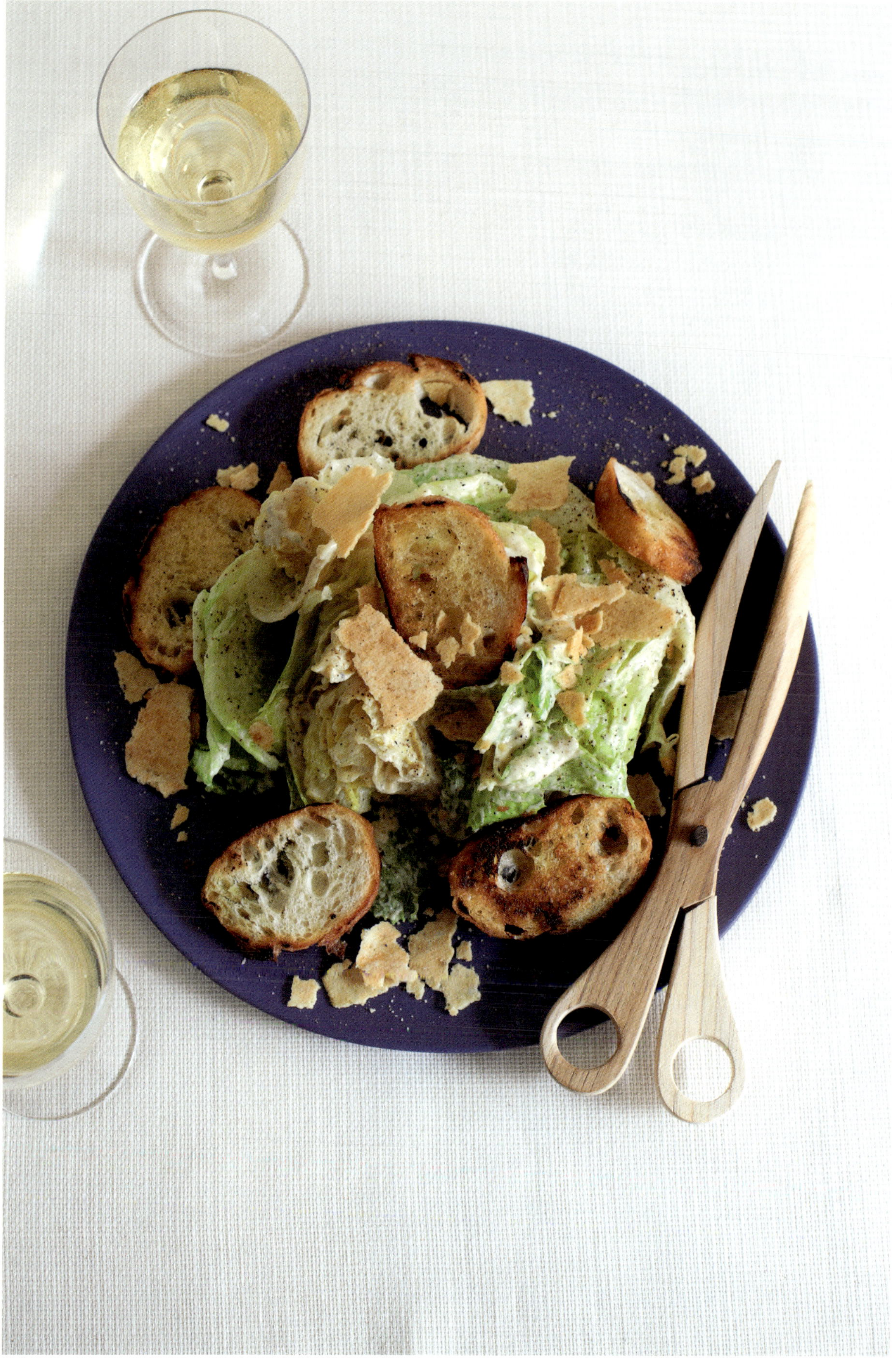

ヴィーガン・シーザーサラダ

酒粕パルミジャーノと、1章で紹介したベジ・アンチョビオイルを使えば、
絶品シーザードレッシングがあっというまに完成。レタスがぺろりといけちゃいます！

材料（4人分）

レタス … ½個
バゲット（1cm厚さ）… 6枚
酒粕パルミジャーノ（P40、トッピング用）… 適量
EXVオリーブオイル … 適量
塩、黒こしょう … 少々
〈シーザードレッシング〉
　酒粕パルミジャーノ（P40）… 40g
　ベジ・アンチョビオイル（P12）… 大さじ山盛り1
　絹豆腐 … 150g（約½丁）
　無調整豆乳 … 40ml
　にんにく … ½片
　EXVオリーブオイル … 大さじ3
　白ワインビネガー … 大さじ1½
　塩 … 小さじ½
　黒こしょう … 少々

つくり方

1. 〈シーザードレッシング〉をつくる。すべての材料をフードプロセッサーに入れて、刃をまわす（a）。全体がなめらかになったら完成（b）。
2. レタスはちぎらずに冷水に5分ほど浸してパリッとさせ、水気をしっかりきってガバッと2等分に割る。
3. EXVオリーブオイルをフライパンにひいて中火にかけ、バゲットの両面をカリッと焼く。
4. ボウルに 2、1 の〈シーザードレッシング〉大さじ山盛り3を入れ、ざっくりと和えて、塩と黒こしょうで味をととのえる。うつわに盛り、3をのせ、酒粕パルミジャーノを割りながらトッピングする。

- 余ったドレッシングは冷蔵で3日、保存可能。
- フードプロセッサーがない場合は、すり鉢ですりつぶしてください。

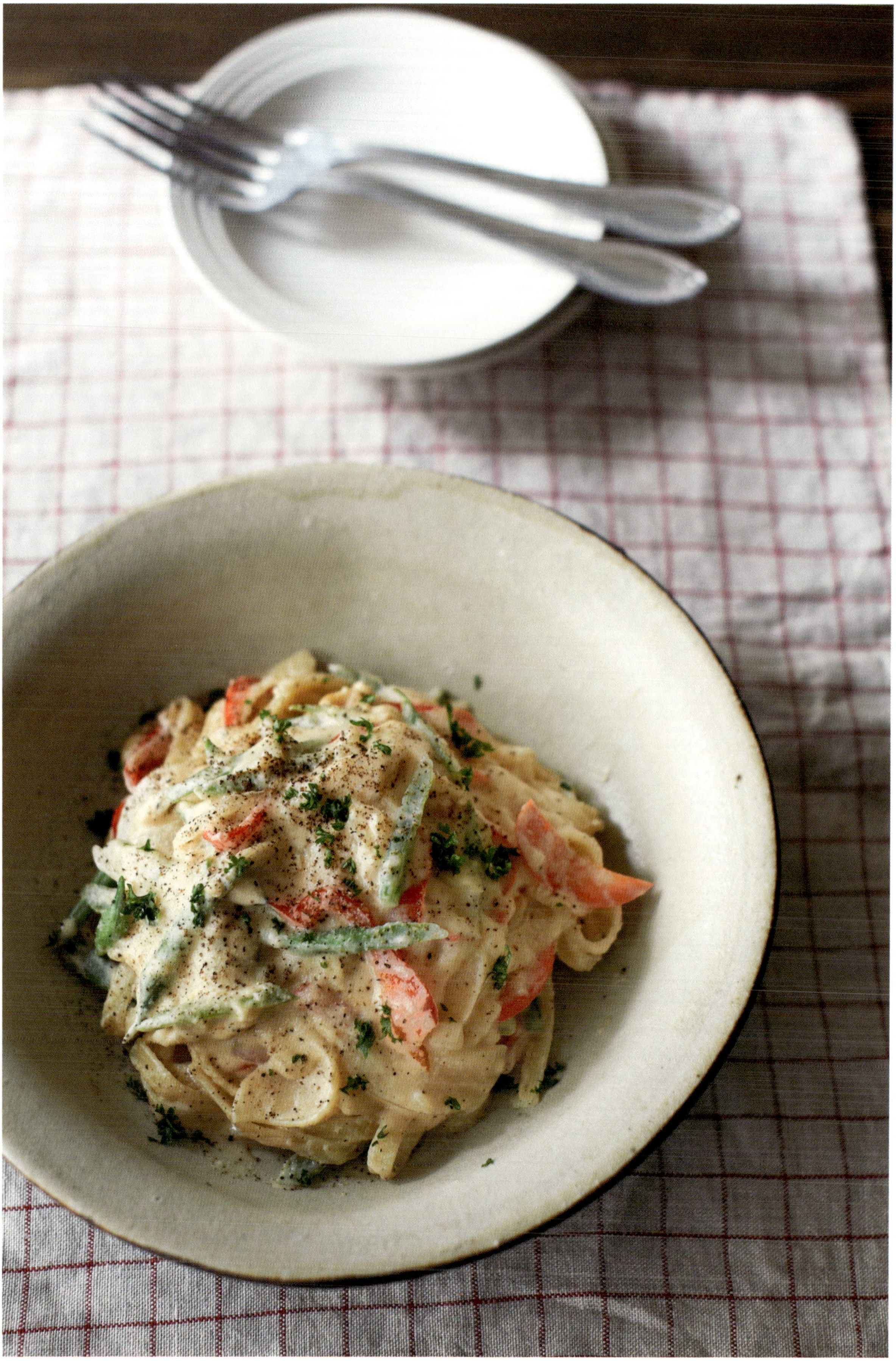

カシューナッツクリームのカルボナーラ

カシューナッツと酒粕パルミジャーノを組み合わせたソースで、卵のコクを加えた生クリームのようにリッチな味に。野菜もプラスして、彩りよく仕上げます。

材料（2人分）

〈カシューナッツクリーム〉
- カシューナッツ … 80g
- **酒粕パルミジャーノ**（P40）… 40g
- 無調整豆乳 … 200mℓ
- 塩 … 小さじ1

〈パスタ&仕上げの材料〉
- フェットチーネ（乾麺）… 160g
- 玉ねぎ（スライス）… ½個分
- 赤パプリカ（スライス）… ½個分
- いんげん（スジを取り除き5mm幅の斜め切り）… 10本分
- にんにく（みじん切り）… ½片分
- パセリ（みじん切り）… 小さじ1
- 白ワイン … 大さじ2
- EXVオリーブオイル … 大さじ1½
- 塩、黒こしょう … 適量

つくり方

〈カシューナッツクリーム〉をつくる

1. カシューナッツは、暖かい季節は1時間、涼しい季節は3時間ほど水（分量外）に浸し、やわらかくする。すべての材料を容器に入れ、ハンディブレンダー（またはフードプロセッサー）でなめらかにする（a）。

パスタをゆでて仕上げる

2. 鍋に湯をたっぷり沸かし、湯量の1％の塩（分量外）を加える。〈パスタ&仕上げの材料〉のフェットチーネをパッケージに表示されている時間を目安にゆで始める。

3. フライパンにEXVオリーブオイルとにんにくを入れて弱火にかける。にんにくの香りがたって色づいてきたら、玉ねぎ、赤パプリカ、いんげんを順に加えてザッと炒め合わせ、白ワインを加えてアルコールをとばす。

4. 3に1の〈カシューナッツクリーム〉、2のパスタのゆで汁90〜120mℓを加える（b）。ほどよいなめらかさにソースをのばし、火を止める。

5. 2のフェットチーネがゆであがったら（ゆで汁はとっておく）、ザルにあけて湯をきり4に入れ、ソースをからめる。水分が足りないときは、パスタのゆで汁を少し足すとよい。塩、黒こしょうで味をととのえる。

6. 5を皿に盛ってパセリを散らし、黒こしょうをふる。

・ハンディブレンダーやフードプロセッサーがない場合は、すり鉢ですりつぶしてください。

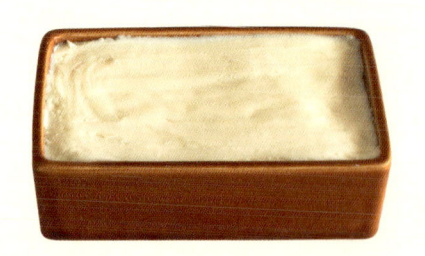

ヴィーガン・バター

ココナッツオイルだけだとさらりとした個性のない油。でも不思議、りんご酢と豆腐、豆乳を加えると、発酵バターのようにミルキーでリッチなおいしさに！

材料（できあがり量：約350g）

ココナッツオイル（冷やして固まっているもの）… 200g
絹豆腐 … 60g
無調整豆乳 … 100mℓ
りんご酢 … 小さじ2
塩 … 小さじ⅔

つくり方

1. フードプロセッサーにココナッツオイルと塩を入れ、ポマード状になるまで刃をまわす。分離しないように、側面のオイルもたまにゴムベラでこそげて混ぜる。

2. りんご酢を加えて、しっかりなじむまでまわす。

3. なじんできたら絹豆腐を加えて、再びしっかりなじむまでまわす。

4. 豆乳を5、6回に分けて加えて、まわす。全体がなめらかで均一になったらできあがり。

保存方法：溶けないうちに保存容器に移して冷蔵、またはフリーザーバッグに小分けにして冷凍

保存期間：冷蔵で1週間　冷凍で1か月

- フードプロセッサーがないとつくれないレシピです。
- ココナッツオイルの融点は25℃前後。暖かい時季は常温だと液状ですが、寒くなると固まります。フードプロセッサーに入れるときは、冷やして固形状にしてから使って。液状の状態で計量して、冷蔵庫で固めてからつくると、分離せずきれいなバターになります。
- 通常のバターよりも溶けやすいので、手早くつくって。

便利な使い方

- 焼き立てのトーストにのせて。
- パンケーキにのせて、メープルシロップをかけて。
- にんじんやほうれん草など、野菜をバターソテーに。

キャベツのステーキ

キャベツの甘みを引き立てる、バターしょうゆ味がたまらないおいしさ！
しっかり焼き色をつけると、こうばしい風味に仕上がります。

材料（2人分）

キャベツ… ¼個
ヴィーガン・バター (P46) … 40g
EXVオリーブオイル … 大さじ1
しょうゆ … 小さじ2
塩、黒こしょう … 少々

つくり方

1 キャベツは芯をつけたまま縦半分に切る。両面に軽く塩をふる。
2 フライパンにEXVオリーブオイルをひいて中火にかけ、オイルが温まったら1を入れる。1分ほど焼き、焼き色がついたら返し、水120ml（分量外）を加えてフタをする。強火で1分、蒸し焼きにする。
3 2のフタを開け、ヴィーガン・バター、しょうゆを加える。鍋底のソースをスプーンですくってキャベツにかけながら1分ほど焼き、味を含ませる。ソースは半分程度になるまで煮つめる。
4 皿に3のキャベツを盛り、フライパンに残ったソースをかけて、好みで黒こしょうをふる。

・キャベツは芯をつけたまま水洗いし、水気をきってから使います。

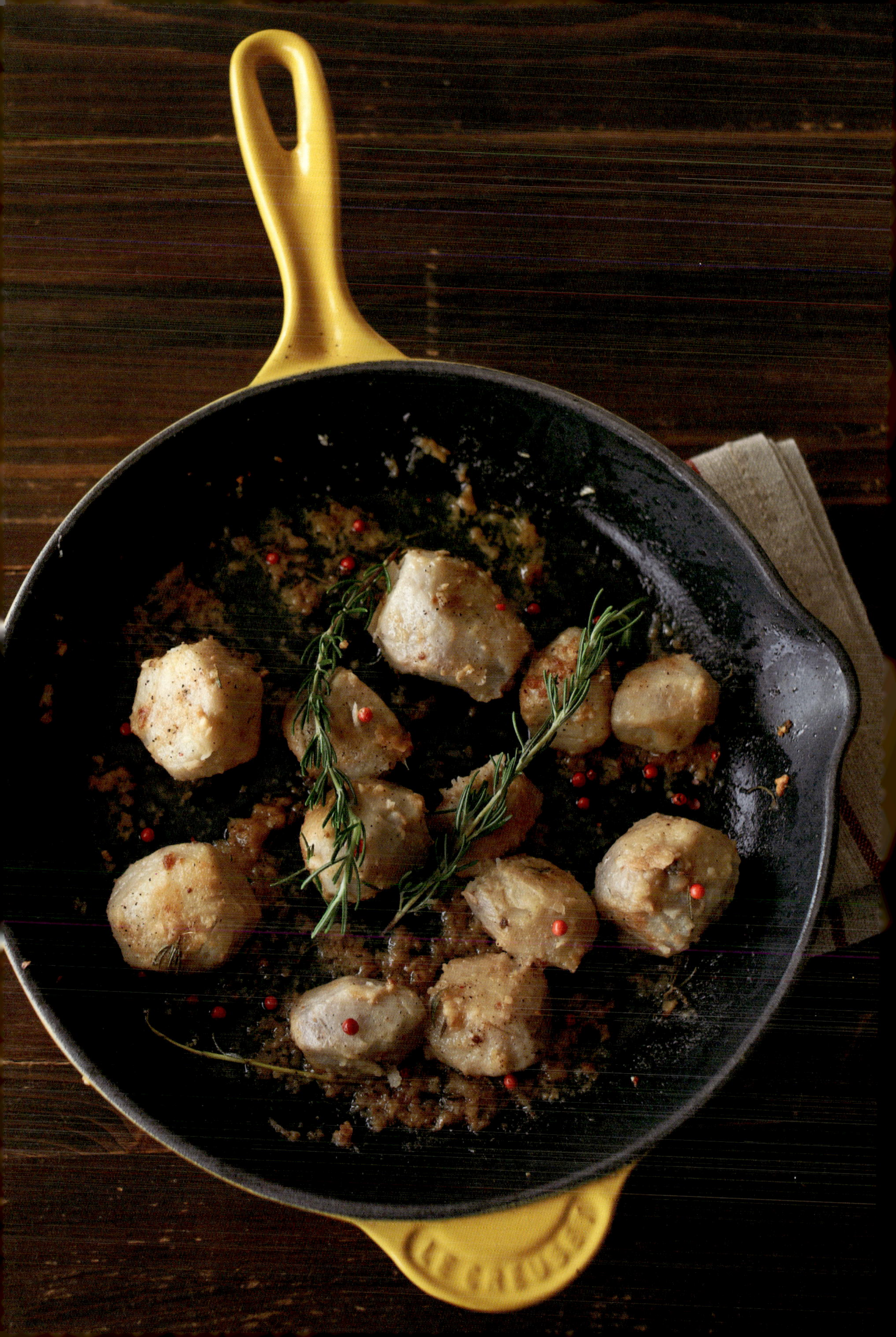

里芋のローズマリー焼き

ほっこりと蒸した里芋が、ローズマリーの香りとにんにくバター味をまとって、あとをひくおいしさ。白ワインが止まらなくなること、まちがいなし!

材料（4人分）

里芋 … 12個
ローズマリー … 3本（1本は葉をきざむ、2本は飾り用）
にんにく（みじん切り）… 1片分
A ヴィーガン・バター (P46) … 30g
　　水 … 大さじ2
　　塩 … 小さじ⅔
EXVオリーブオイル … 大さじ2
黒こしょう、ピンクペッパー … 適量

つくり方

1　里芋は皮をむいて塩少々（分量外）でもんでから洗い、一度ゆでこぼす。水で洗ってぬめりをとったら、蒸気のあがった蒸し器で15分ほど、竹串がスッと通るくらいまで蒸す。

2　フライパンにEXVオリーブオイル、きざんだローズマリー、にんにく、1を入れて、弱火にかける (a)。オイルが温まってきたら里芋をときどきころがし、キツネ色になるまで、じっくりと焼く。

3　2にこんがりと焼き色がついたら、**A**を加える (b)。フライパンをゆすって全体にバターをしっかりからませ、黒こしょうをふる (c)。仕上げにピンクペッパーを散らし、ローズマリーの枝を飾る。

・里芋の皮は前もって洗って乾かしておくのがおすすめ。手がかゆくなりにくいです。

かぼちゃクッキーのレーズンバターサンド

ヴィーガン・バターがあれば、人気のレーズンバターサンドもおまかせ！
かぼちゃとレーズンがたっぷり入ったスイーツは、赤ワインにぴったり。

材料（13個分）

〈かぼちゃクッキー〉
　　かぼちゃ（蒸してつぶす）… 100g
　A　てんさい糖 … 60g
　　　くるみ（フードプロセッサーまたはすり鉢で粉末にする）… 50g
　　　なたね油 … 大さじ4
　B　薄力粉 … 85g
　　　全粒薄力粉 … 85g

〈レーズンバター〉
　　ヴィーガン・バター（P46、室温にもどしておく）… 120g
　　レーズン（ゆでこぼしてラム酒小さじ1をからめておく）… 60g
　　てんさい糖 … 大さじ2

つくり方

1 〈かぼちゃクッキー〉をつくる。ボウルにかぼちゃ、Aを加えてゴムベラで混ぜ合わせる。Bをザルなどでふるい入れてさっくり混ぜ、全体がまとまったら丸めてラップで包み、冷蔵庫で30分休ませる。

2 台の上に強力粉（分量外）で打粉をし、1のクッキー生地をめん棒で2mm厚さにのばす。7×4.5cmの型で、26枚抜く(a)。

3 2をオーブンペーパーを敷いた天板に並べる。生地ははがれにくいので、パレットナイフなどを使うとよい(b)。火がとおりやすいようにフォークで2か所ピケする(c)。

4 3を170℃に予熱したオーブンで20分焼く。焼けたらオーブンペーパーごと網の上にのせ、しっかり冷ます。

5 〈レーズンバター〉をつくる。室温にもどして少しやわらかくなったヴィーガン・バターをボウルに入れ、てんさい糖を加え混ぜて、さらにレーズンを加えてよく混ぜる。

6 4のクッキーで5を挟む(d)。サンドしたものは、早めに冷蔵庫に入れる。2時間以上冷やし、なじんだらできあがり。

・ヴィーガン・バターは暖かい季節は、とても溶けやすいので気をつけて。〈レーズンバター〉をつくるときに溶けてきたら、ボウルを氷水に当てながら作業してください。
・室温が高いときは、クッキーでバターをサンドしたら、すぐに冷凍室に入れて。溶けかけたバターを完全に固めてから、冷蔵室に移すのがおすすめです。

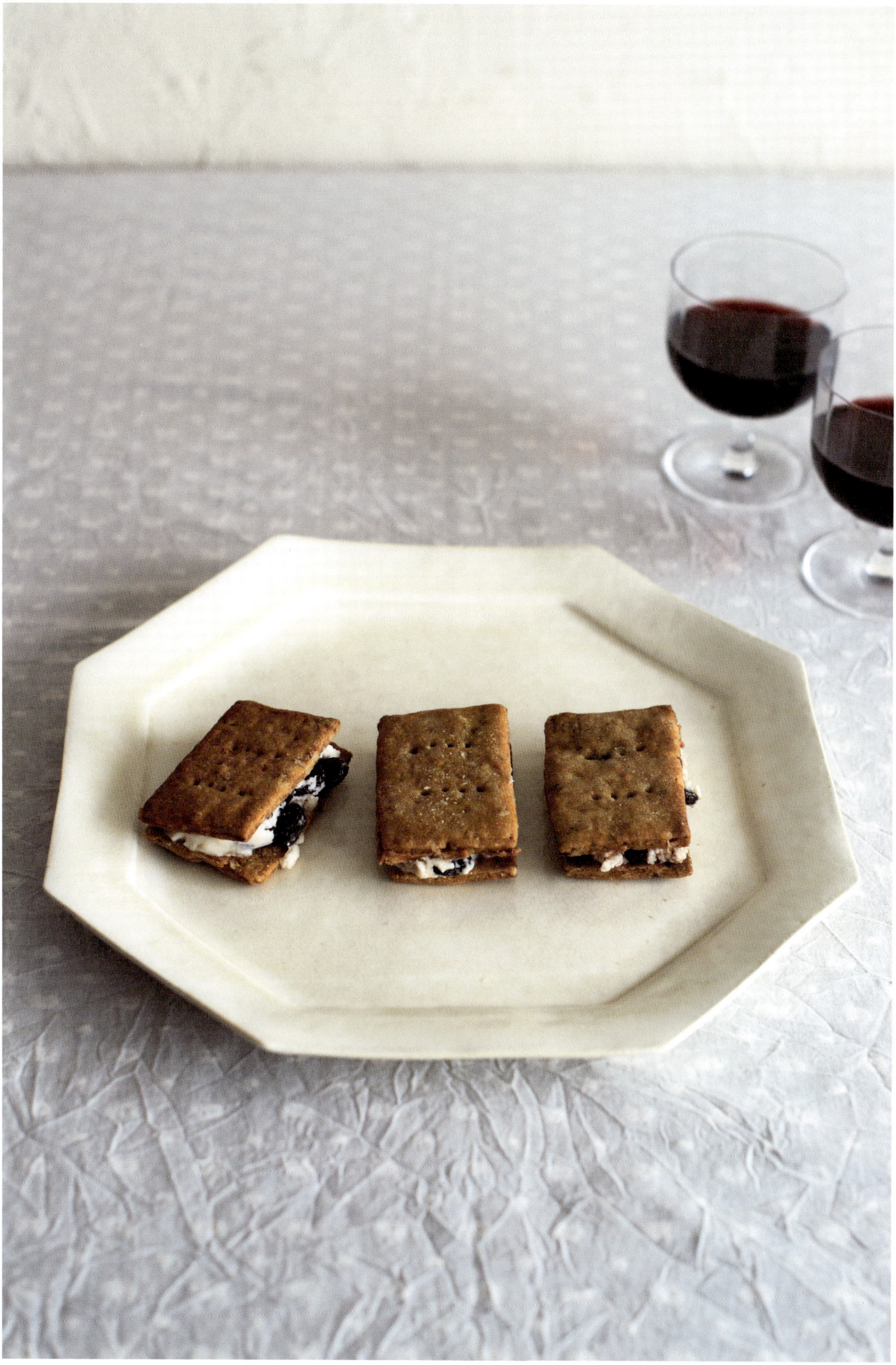

メウノータの
人気メニューから ビールがうまい、やっぱり揚げ物！

2

お店のメニューのなかで、人気があるのはやっぱり揚げ物。
お肉なしでも満足感があって、ビールがすすむとっておきの2品です。

エリンギの磯辺揚げ

見た目は、まるでちくわの磯辺揚げ!? エリンギの歯ごたえと青のりのおかげで、魚介のフリットのような味わい。ふわっ、さくっとした衣がおいしい！

材料（4人分）

エリンギ（縦4等分に裂く）… 3本分
揚げ油（なたね油など）… 適量
レモン（くし形切り）… 1/6個分

〈フリッター生地〉
　全粒薄力粉 … 60g
　炭酸水 … 80mℓ
　青のり … 大さじ1
　塩 … ひとつまみ

つくり方

1 〈フリッター生地〉の材料を混ぜて、エリンギをくぐらせる。180℃に熱した揚げ油で、キツネ色になるまで揚げる。
2 皿に盛り、レモンを添える。

・余った衣は、スプーンで落として揚げてしまいましょう。イタリアの「ゼッポリーニ」という、青のり入りピザ生地の揚げ物みたいで、おいしいです。

ファラフェル

中東の名物料理で、ひよこ豆のコロッケ。もどした豆を煮ないで粉砕するのが現地流。
家庭でつくりやすいように、材料をできるだけ減らしてアレンジしました。

材料（16個分）

ひよこ豆（乾燥）
　… 200g（ひと晩水に浸してもどす）
にんにく（みじん切り）… ½片分
パクチー（みじん切り）… 5g
ミント（葉の部分だけみじん切り）
　… 5g
クミンパウダー … 小さじ1
黒こしょう … 少々
塩 … 小さじ1
水 … 大さじ2
揚げ油（なたね油など）… 適量

つくり方

1 揚げ油以外の材料をすべて、フードプロセッサーに入れて刃をまわす。豆が細かくなって、全体が均一に混ざり、生地がまとめられるくらいになるまでまわす（a）。
2 1を16等分し、小判形に丸めて形を整える。
3 揚げ油を180℃に熱し、2を揚げる。キツネ色になったらひとつ取り出して竹串を刺し、芯まで火がとおっているか確認する。竹串の先端がしっかり熱くなっていれば、残りも油から引き上げる。

- フードプロセッサーがないとつくりにくいレシピです。
- 生地がまとまりにくい場合は、様子を見ながら少し水の量を増やして。

メウノータの人気メニューから 2

patty

3.

野菜パテから広がる
レシピいろいろ

じゃがいもをベースにつくる野菜パテ。
たっぷりつくっておけば、
スープからハンバーグ、パスタまで、
みんなに好まれる、ボリューム感のある
レシピがすぐつくれて便利。
もちろん、パテだけで味わっても十分おいしい！

野菜パテが便利な、3つの理由

1 **大人から子どもまで、みんなが好きな料理に変身！**
ハンバーグやグラタン、パスタ、パンケーキなど、みんなの
大好物に展開できます。ボリュームのある料理がすぐに完成！

2 **じゃがいものデンプンが、とろみやつなぎに。**
スープやグラタンにとろみをつけたり、ハンバーグをしっかり固めたり。
パンケーキに加えれば、ふわっとした食感に仕上げる効果あり。

3 **そのままバゲットやクラッカーをディップしておいしい！**
パテはバゲットやクラッカーに添えるだけで、
気のきいたおつまみになります。そのまま使えて便利！

基本のじゃがいもパテ

玉ねぎの甘みをしっかり引き出して、じゃがいもと一緒にペースト状にするだけ。ルウ感覚で使えばいろいろな料理がつくれるので、とっても便利です。

保存方法：粗熱がとれたら保存容器に移して冷蔵、またはフリーザーバッグに小分けにして冷凍
保存期間： 冷蔵で4日　冷凍で1か月

便利な使い方

- バゲットやクラッカーのディップとして。
- サンドイッチにはさんで。
- 冷やして好みの野菜を混ぜれば、なめらかなポテトサラダに。
- 温野菜の上にのせて、オーブンで焼いて。

材料（できあがり量：約500g）

じゃがいも（皮をむいて1cm角に切り、水にさらす）… 250g
玉ねぎ（1cm角に切る）… 250g（約1個分）
にんにく（スライス）… 1片分
無調整豆乳 … 50mℓ
水 … 200mℓ

ローリエ … 1枚
ナツメグ … ひとつまみ
EXVオリーブオイル … 大さじ2
塩 … 小さじ1

つくり方

1. 鍋にEXVオリーブオイル、にんにくを入れ中火にかける。

2. にんにくが色づいて香りが出てきたら、玉ねぎ、塩、ローリエを加える。玉ねぎが透きとおって甘みが出るまで炒める。

3. ローリエを取り出し、水気をきったじゃがいもを加える。全体に油をまわす程度に、サッと炒める。

4. 水、ナツメグを加える。フタをして弱火で10分、じゃがいもがやわらかくなるまで煮る。

5. 豆乳を加えてひと煮立ちさせたら火を止め、ハンディブレンダーでつぶす。

6. なめらかなペースト状になったらできあがり。

- ハンディブレンダーがない場合は、冷めてからフードプロセッサーにかけてもOK。時間はかかりますが、マッシャーやすり鉢でつぶしてもつくれます。
- じゃがいもの品種によって仕上がりのかたさが変わります。ゆるい場合はペースト状にしたあとに弱火にかけて、少し水分をとばして。

野菜パテのバリエーション

にんじんパテ

にんじんの甘みと玉ねぎの甘みがぎゅっと凝縮したおいしさ。鮮やかなオレンジ色がきれいなので、彩りを添えたいときにも便利です。

材料（できあがり量：約600g）

にんじん（1cm角に切る）… 200g
じゃがいも（皮をむいて1cm角に切り、水にさらす）… 100g
玉ねぎ（1cm角に切る）… 200g
にんにく（スライス）… 1片分
無調整豆乳 … 50mℓ
水 … 200mℓ
ローリエ … 1枚
EXVオリーブオイル … 大さじ2
塩 … 小さじ1

つくり方

P56「基本のじゃがいもパテ」のつくり方1〜6参照。
ただし、にんじんはじゃがいもと同じタイミングで加え、4でナツメグは加えない。

・ここで紹介する4種類のパテの保存方法と保存期間は、「基本のじゃがいもパテ」と同じです。

ほうれん草パテ

数ある青菜のなかでも、とりわけ甘みがあってまろやか。そんなほうれん草ならではの個性をしっかり引き出したパテです。

材料（できあがり量：約600g）

ほうれん草（ゆでてざく切りにする）… 200g
じゃがいも（皮をむいて1cm角に切り、水にさらす）… 200g
玉ねぎ（1cm角に切る）… 200g
にんにく（スライス）… 1片分
無調整豆乳 … 50mℓ
水 … 100mℓ
ローリエ … 1枚
EXVオリーブオイル … 大さじ2
塩 … 小さじ1

つくり方

P56「基本のじゃがいもパテ」のつくり方1〜6参照。
ただし、4でナツメグは入れない。ほうれん草は、じゃがいもがやわらかくなったら加える。

ごぼうパテ

ごぼうの土のような香りと風味をとじこめたパテは、
レバーパテにも負けない個性の強さ。
だから、このパテだけでもお酒がすすんでしまいます。

材料（できあがり量：約600g）

ごぼう（1mm厚さの斜め切りにして水にさらし、アクを抜く）… 200g
じゃがいも（皮をむいて1cm角に切り、水にさらす）… 100g
玉ねぎ（1cm角に切る）… 200g
にんにく（スライス）… 1片分
無調整豆乳 … 50ml
水 … 200ml
ローリエ … 1枚
EXVオリーブオイル … 大さじ2
塩 … 小さじ1

つくり方

P56「基本のじゃがいもパテ」のつくり方1〜6参照。
ただし、ごぼうはじゃがいもと同じタイミングで加え、4でナツメグは加えない。

赤パプリカパテ

火をとおすと、トマトのようにとろっと甘くなり、
旨みが増すパプリカ。皮ごとすりつぶせば、
さっぱりしているのに味の濃いパテになります。

材料（できあがり量：約550g）

赤パプリカ（1cm角に切る）… 200g
じゃがいも（皮をむいて1cm角に切り、水にさらす）… 200g
玉ねぎ（1cm角に切る）… 200g
にんにく（スライス）… 1片分
無調整豆乳 … 大さじ2
水 … 大さじ2
ローリエ … 1枚
EXVオリーブオイル … 大さじ2
塩 … 小さじ1

つくり方

P56「基本のじゃがいもパテ」のつくり方1〜6参照。
ただし、赤パプリカはじゃがいもと同じタイミングで加え、4でナツメグは加えない。

- パプリカから水分が出るため、豆乳と水の分量が、ほかのパテより少なめです。

野菜パテで5つのスープ

P56〜59で紹介した5つのパテは、
どれもスープのもとになるすぐれもの。
具材や調味料をプラスして、まったく味の
異なる5種類のスープのできあがり！

「にんじんパテ」で
にんじんと根菜のチャウダー

「ごぼうパテ」で
ごぼうのカプチーノ

「ほうれん草パテ」で
**ほうれん草と
厚揚げの
カレースープ**

「基本のじゃがいもパテ」で
ヴィシソワーズ

「赤パプリカパテ」で
**赤パプリカの冷たい
ココナッツスープ**

にんじんと根菜のチャウダー

土の下でぐんぐんおいしく育った野菜がぎっしり、食物繊維たっぷりのスープ。

材料（3〜4人分）

にんじんパテ（P58）… 250g
無調整豆乳 … 100mℓ
水 … 200mℓ
EXVオリーブオイル … 大さじ1
塩、黒こしょう … 少々
パセリ（みじん切り）… 少々

〈具の野菜〉
　玉ねぎ（1cm角に切る）… ¼個分
　にんじん（1cm角に切る）… 40g
　大根（1cm角に切る）… 40g
　ごぼう（1cm角に切り、水にさらす）… 40g
　さつまいも（1cm角に切り、水にさらす）… 60g
　マッシュルーム（4等分する）… 2個分

つくり方

1. 鍋にEXVオリーブオイルをひいて中火にかけ、油が温まったら〈具の野菜〉の玉ねぎ、塩ひとつまみ（分量外）を加え、中火で炒める。
2. 1が透きとおって甘みが出てきたら、〈具の野菜〉の残りをすべて加える。全体に油がまわったら分量の水を加えて強火に変え、ひと煮立ちしたらフタをして弱火で10分、野菜がやわらかくなるまで煮込む。
3. 2に、にんじんパテ、豆乳を加える。ひと煮立ちさせたら塩、黒こしょうで味をととのえる。うつわに注ぎ、パセリを散らす。

・具の野菜は、好みでアレンジして。

ごぼうのカプチーノ

滋味あふれるごぼうのスープに、ふわっふわに泡立てた豆乳を浮かべて。

材料（2人分）

ごぼうパテ（P59）… 220g
無調整豆乳 … 200mℓ
塩、黒こしょう … 少々
黒ごま … 少々

つくり方

1. 鍋にごぼうパテ、半量の豆乳を入れて中火にかけて温める。塩、黒こしょうで味をととのえる。
2. 残りの半量の豆乳を別の鍋に入れて中火にかけ、泡立て器で混ぜながら沸騰直前まで温める。
3. 1をスープカップの半分まで注ぎ、上に2をふんわりのせる。飾りに黒ごまをふる。

・面倒なときは、泡立てるぶんの豆乳を分けずに、すべて最初に鍋に入れて。

ほうれん草と厚揚げのカレースープ

インドのサグカレー風のスパイシーなスープ。ごはんにかけても最高においしい！

材料（3～4人分）

ほうれん草パテ（P58）… 300g
玉ねぎ（みじん切り）… 1/2個分
トマト（ざく切り）… 1個分
しょうが（みじん切り）… 10g
厚揚げ（縦半分にし、5mm厚さに切る）… 1枚分
クミンパウダー … 小さじ1
ガラムマサラ … 大さじ1
EXVオリーブオイル … 大さじ1
塩、黒こしょう … 少々
水 … 220mℓ
〈トッピング〉
　ミニトマト（4等分する）… 2個分
　しょうが（せん切り）… 適量

つくり方

1. 鍋にEXVオリーブオイルをひいて中火にかける。油が温まったら、玉ねぎ、しょうがと塩ひとつまみ（分量外）を加えて、弱火に落として炒める。
2. 玉ねぎがあめ色になってきたら、クミンパウダー、トマトを加えて中火で炒める。トマトの水分をとばすようにしながら、甘味を引き出す。
3. 2にほうれん草パテを加えて、水でのばす。そこへガラムマサラ、厚揚げを加えてひと煮立ちさせ、塩、黒こしょうで味をととのえたら完成。うつわに盛り、〈トッピング〉を飾る。

- 玉ねぎは少し時間をかけてしっかり炒めると、風味がよくなります。
- スープではなく、カレーとしてごはんにかけて食べる場合は、これで2人分の量です。

ヴィシソワーズ

フランスの冷たいじゃがいもスープ。生クリームを使わなくてもこんなにミルキー！

材料（2人分）

基本のじゃがいもパテ（P56）… 300g
無調整豆乳 … 160mℓ
塩 … 少々
パセリ（みじん切り）… 少々

つくり方

1. ボウルに基本のじゃがいもパテ、豆乳を入れて泡立て器で溶き混ぜ、塩で味をととのえて冷蔵庫で冷やす。
2. うつわに1を盛り、パセリを飾る。

- 温めてもおいしくいただけます。

赤パプリカの冷たいココナッツスープ

ココナッツミルクの甘みがアクセント。さわやかでエスニックなスープです。

材料（2人分）

赤パプリカパテ（P59）… 300g
ココナッツミルク（缶）… 160mℓ
塩 … 少々
ミント、ライム … 適量

つくり方

1. ボウルに赤パプリカパテ、ココナッツミルク（大さじ2を飾り用に取り分けておく）を入れて泡立て器で溶き混ぜる。塩で味をととのえて、冷蔵庫で冷やす。
2. うつわに1を盛り、取り分けておいたココナッツミルクを浮かべて、ミントをトッピングする。好みでライムをしぼる。

- ココナッツミルクはよく混ぜて、濃度を均一にしてから使って。

じゃがいもとくるみのテリーヌ

まるでスイーツみたいですが、じつは「基本のじゃがいもパテ」でつくるテリーヌ。
寒天でしっかり固めて、くるみをあしらいます。持ちよりの一品にもおすすめ。

材料（18×8cmのパウンド型1台分）

基本のじゃがいもパテ（P56）… 500g
くるみ（ローストしたものを粗くきざむ）… 100g
水 … 100mℓ
粉寒天 … 6g

＊「基本のじゃがいもパテ」を、
　P58〜59のほかの野菜パテに替えても、
　おいしくつくれます。

つくり方

1　鍋に水を入れ、そこに粉寒天をふり入れる。弱火で1分ほど温めて、寒天を煮溶かす。そこへパテを加え、ヘラでよく混ぜ合わせながら、弱火で3分ほど加熱する（a）。

2　オーブンペーパーを敷いたパウンド型に1を流し込む（b）。10cmほどの高さから2、3回トントンと台に落として空気を抜く。

3　2の表面にくるみを敷きつめ、粗熱がとれたら、冷蔵庫で冷やし固める。固まったら型からはずし（c）、くるみの面を下にして皿に盛る。

・1で加えるパテは、別鍋で少し温めておくと混ぜやすいです。
・生のくるみを使う場合は、160℃のオーブンで10分ほどローストして。
・冷蔵で4日、保存可能です。

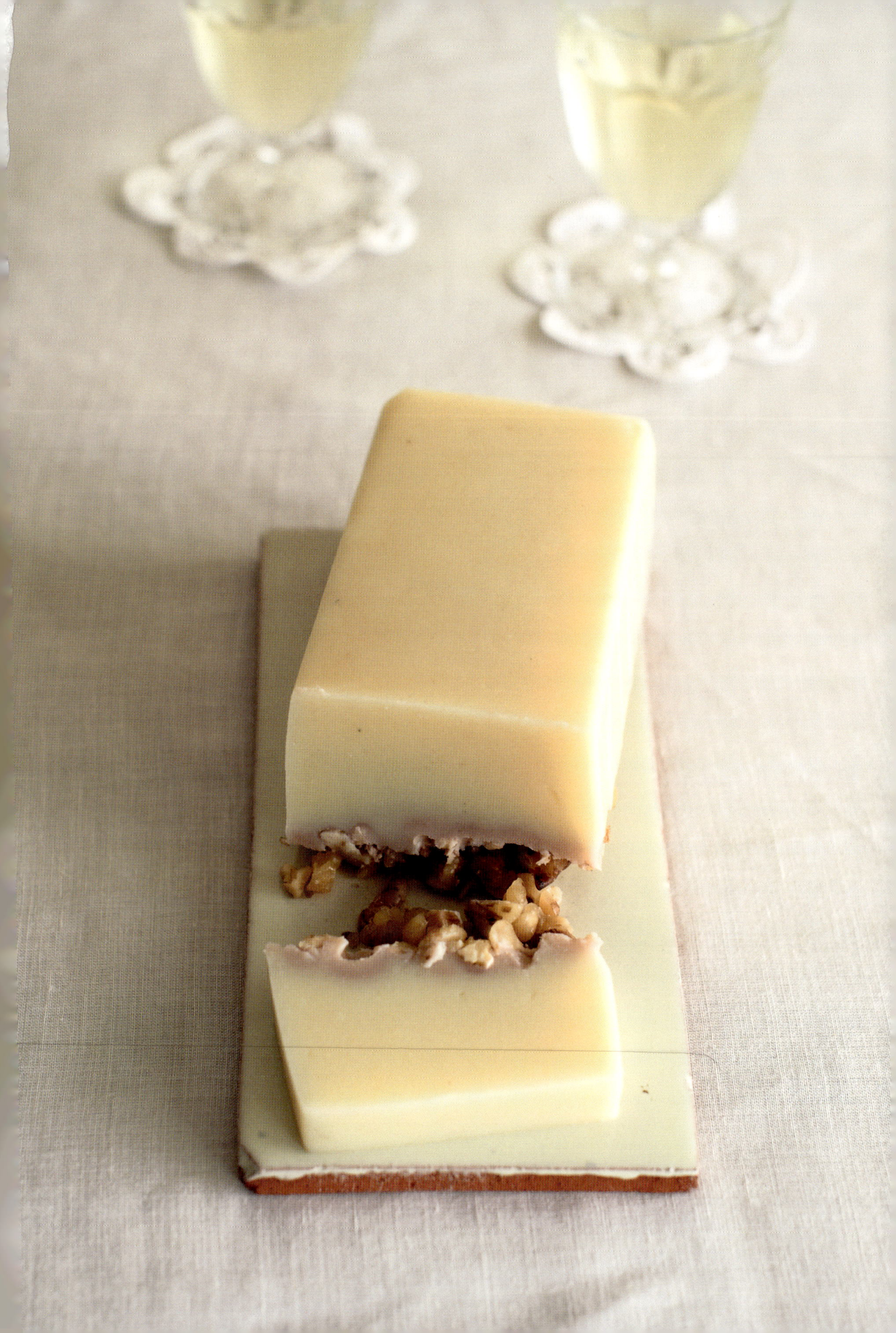

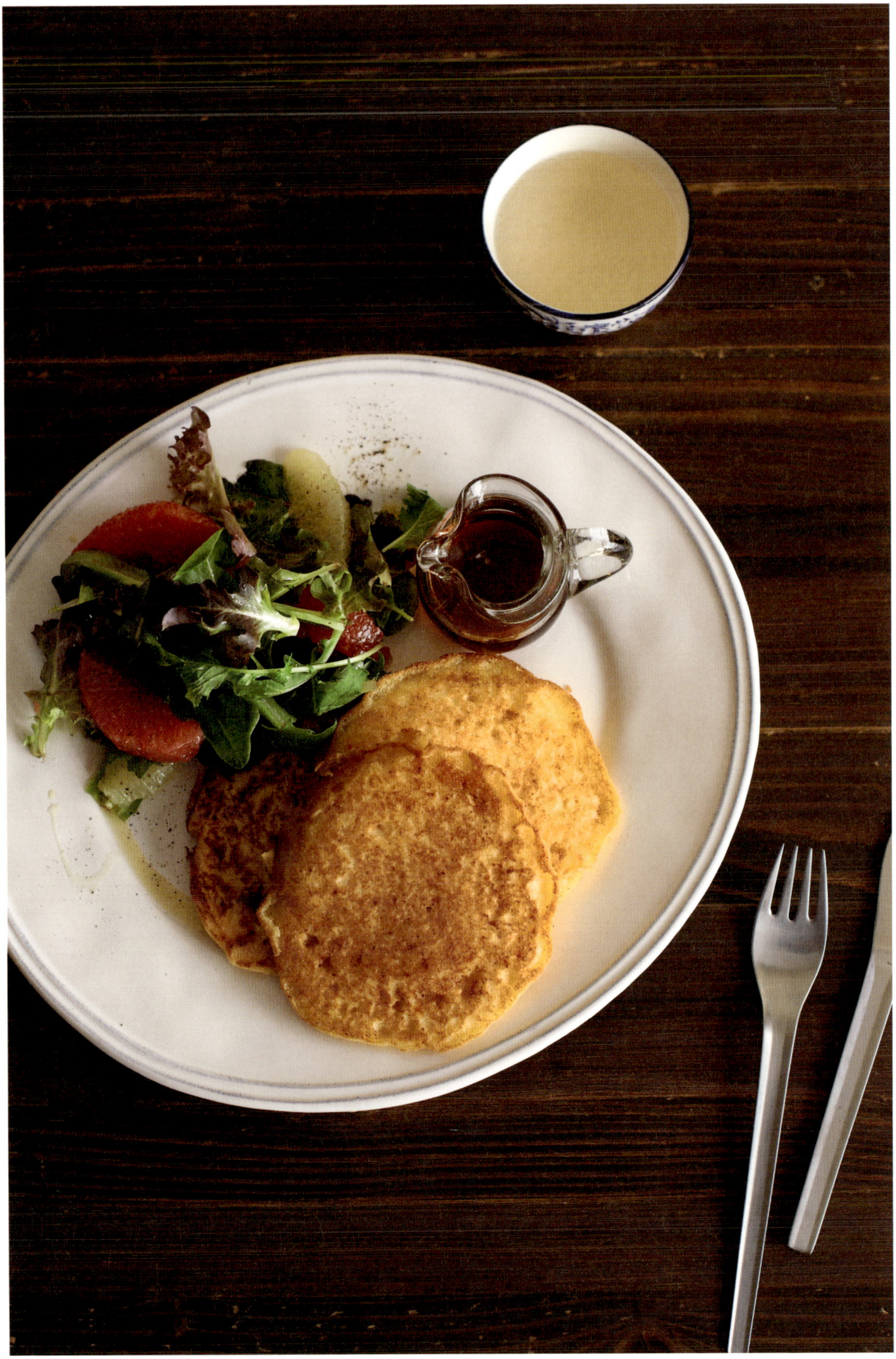

にんじんのふわふわパンケーキ

焼き立てはふわっさくっ、時間がたつと米粉のもっちりとした食感になります。
サラダを添えればおしゃれなワンプレートに。お酒にも合う食事系のパンケーキです。

材料（直径10cmのパンケーキ6枚分）

にんじんパテ（P58）… 100g
A 　無調整豆乳 … 200g
　　米粉（小麦粉でも可）… 160g
　　ベーキングパウダー … 8g
EXVオリーブオイル … 適量
メープルシロップ … 適量
〈グレープフルーツのサラダ〉
　グレープフルーツ（果肉だけ取り出す）… 1個分
　ベビーリーフ … 適量
　EXVオリーブオイル … 大さじ1
　塩、黒こしょう … 少々

＊「にんじんパテ」を、
　P56〜59のほかの野菜パテに替えても、
　おいしくつくれます。

つくり方

1　ボウルにパテを入れ、**A**を加える（a）。泡立て器で均一に混ぜ合わせる（b）。
2　フライパンにEXVオリーブオイルを薄くひいて弱火にかけ、1のパンケーキ生地（1枚あたり大さじ3）をフライパンに広げる。1分ほど焼き、こんがりと色づいたら返し（c）、フタをして1分半ほど焼く。両面が色づいたら皿に盛り、メープルシロップを添える。
3　〈グレープフルーツのサラダ〉の材料を食べる直前に和えて、2の皿に盛り合わせる。

・「ヴィーガン・バター」（P46）をのせてもおいしいです。

3. patty　　　野菜パテ

ごぼうパテの雑穀玄米リゾット

パテを豆乳でのばして、雑穀入り玄米ごはんを加えれば、食物繊維たっぷりの
リゾットになります。ごぼうのしっかりとした味わいには、赤ワインがぴったり。

材料（2人分）

ごぼうパテ（P59）… 300g
雑穀入り玄米ごはん（かために炊いて冷ましたもの）
　… 240g
にんにく（みじん切り）… 1/2片分
無調整豆乳 … 100mℓ
ルッコラ … 適量
ひまわりの種 … 大さじ1
A　しょうゆ … 大さじ1
　　塩、黒こしょう … 少々
EXVオリーブオイル … 大さじ2

＊「ごぼうパテ」を、
　P56～59のほかの野菜パテに替えても、
　おいしくつくれます。

つくり方

1　フライパンにEXVオリーブオイル、にんにく、ひまわりの種を入れて弱火にかける。

2　1のにんにくの香りがたって色づいてきたら、パテ、豆乳を加えて、中火にする。ひと煮立ちしたら、雑穀入り玄米ごはんを加えて混ぜ、Aで味をととのえる。

3　2を皿に盛り、ルッコラをふわっとのせる。好みで黒こしょう（分量外）をふり、EXVオリーブオイル（分量外）をまわしかける。

・「雑穀入り玄米ごはん」は、P37の「豆乳リコッタチーズと和ハーブの雑穀玄米サラダ」と同じものを用意してください。

赤パプリカのフジッリ・アラビアータ

フレッシュなトマトに赤パプリカパテと唐辛子を加えれば、かんたんに
アラビアータソースのできあがり。パテの旨みがパスタによくからみます。

材料（2人分）

フジッリ … 160g
玉ねぎ（スライス）… ½個分
にんにく（みじん切り）… 1片分
唐辛子（種を抜く）… 2本
イタリアンパセリ … 適量
A　赤パプリカパテ（P59）… 300g
　　トマト（ざく切り）… 1個分
EXVオリーブオイル … 大さじ2
塩 … 適量

＊「赤パプリカパテ」を
　「にんじんパテ」(P58) に替えても、
　おいしくつくれます。

つくり方

1. 鍋に湯をたっぷり沸かし、湯量の1％の塩（分量外）を加える。フジッリをパッケージに表示されている時間を目安にゆで始める。
2. フライパンにEXVオリーブオイル、にんにくを入れ、弱火にかける。にんにくの香りがたって色づいてきたら、玉ねぎ、唐辛子、塩ひとつまみを入れ、1のパスタのゆで汁90〜120mlを加えて、炒め合わせる。
3. 2の玉ねぎが透きとおって甘みが出てきたら、Aを加えてひと煮立ちさせる。
4. 3に1のゆであがったフジッリを加えて、塩少々で味をととのえる。水分が少なければ、パスタのゆで汁を足して濃度を調整する。うつわに盛り、イタリアンパセリを散らす。

・「フジッリ」は、ネジネジの形をしたショートパスタ。
　好みのパスタでつくっても。

3. patty　　　　　　野菜パテ

ごぼうの照り焼きバーグ

ごぼうパテならではのおいしさ、お肉のようなボリューム感のある食べごたえ！
パテにオートミールを加えれば、ベジバーグに変身。男性にも人気の照り焼き味です。

材料（6個分）

ごぼうパテ（P59）… 150g

A 玉ねぎ（みじん切り）… ½個分
　　オートミール … 100g
　　塩 … 小さじ½
　　黒こしょう … 少々

赤ワイン … 大さじ3
EXVオリーブオイル … 大さじ1

〈照り焼きソース〉
　水 … 100mℓ
　てんさい糖 … 大さじ1
　酒 … 大さじ1
　しょうゆ … 大さじ1½
　片栗粉 … 小さじ1

青じそ … 6枚
大根おろし … 大さじ6
小ねぎ（小口切り）… 大さじ1

つくり方

1. 〈照り焼きソース〉の材料を小鍋に入れ、中火にかける。ひと煮立ちして、とろみがついたら火を止める。
2. **A**をボウルに入れ、ごぼうパテを加える（a）。なじむまで混ぜ合わせ（b）、6等分して小判形に整える（c）。
3. 熱したフライパンにEXVオリーブオイルをひいて中火にかけて、2を並べる。焼色がつくまで1分ほど焼いたら返し、弱火に落として1分半焼く。
4. 3を中火に変えて、鍋肌から赤ワインを加えて、アルコール分をとばす。さらに、弱火に落として1の〈照り焼きソース〉を加えて、ベジバーグにからめる。
5. 皿に青じそを並べて4を盛り、小ねぎをちらす。大根おろしを添えて、のせながらいただく。

・焼いたベジバーグに「アップルジンジャー・チリソース」（P22）をそのままかけてもおいしいです。

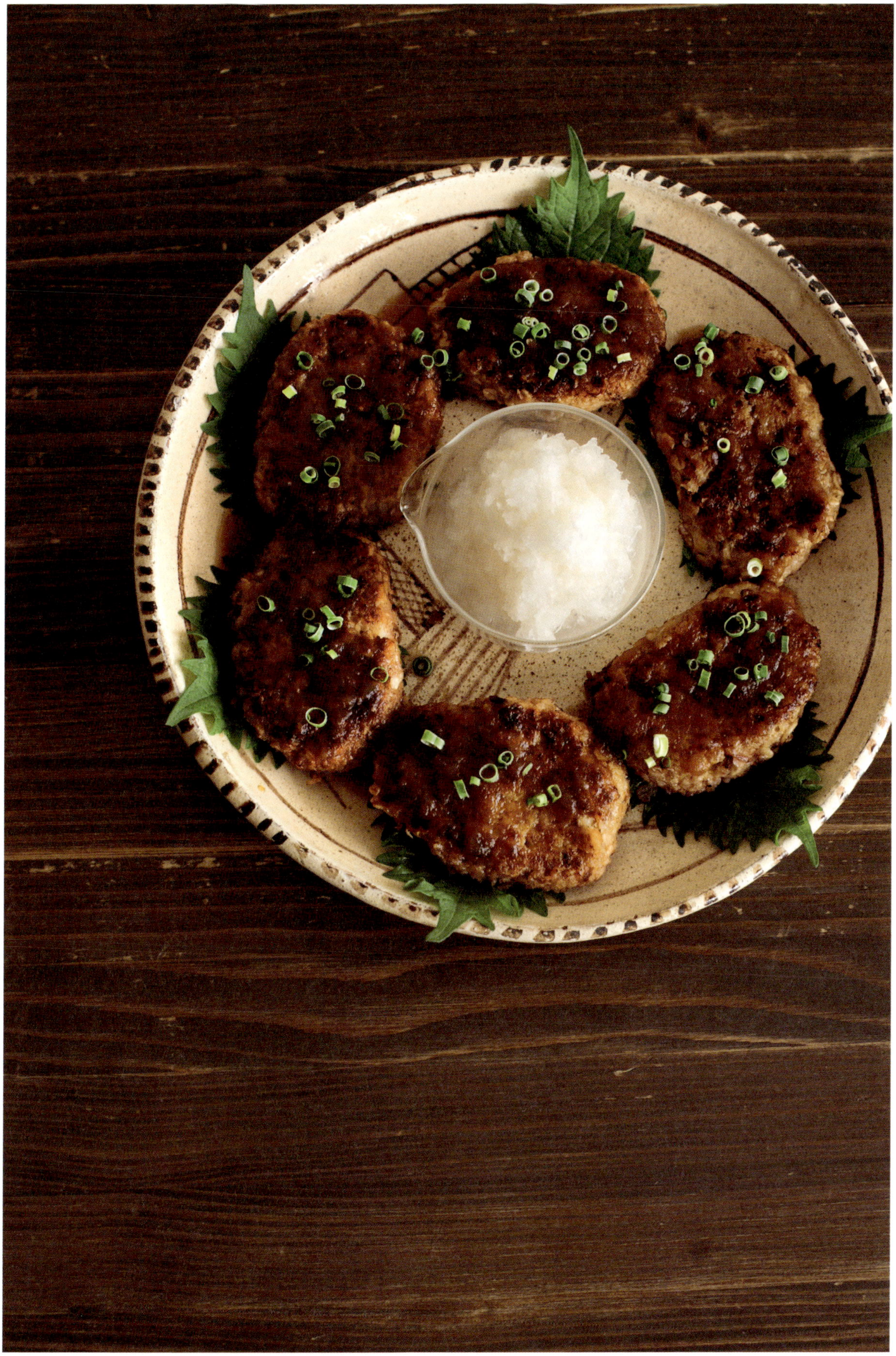

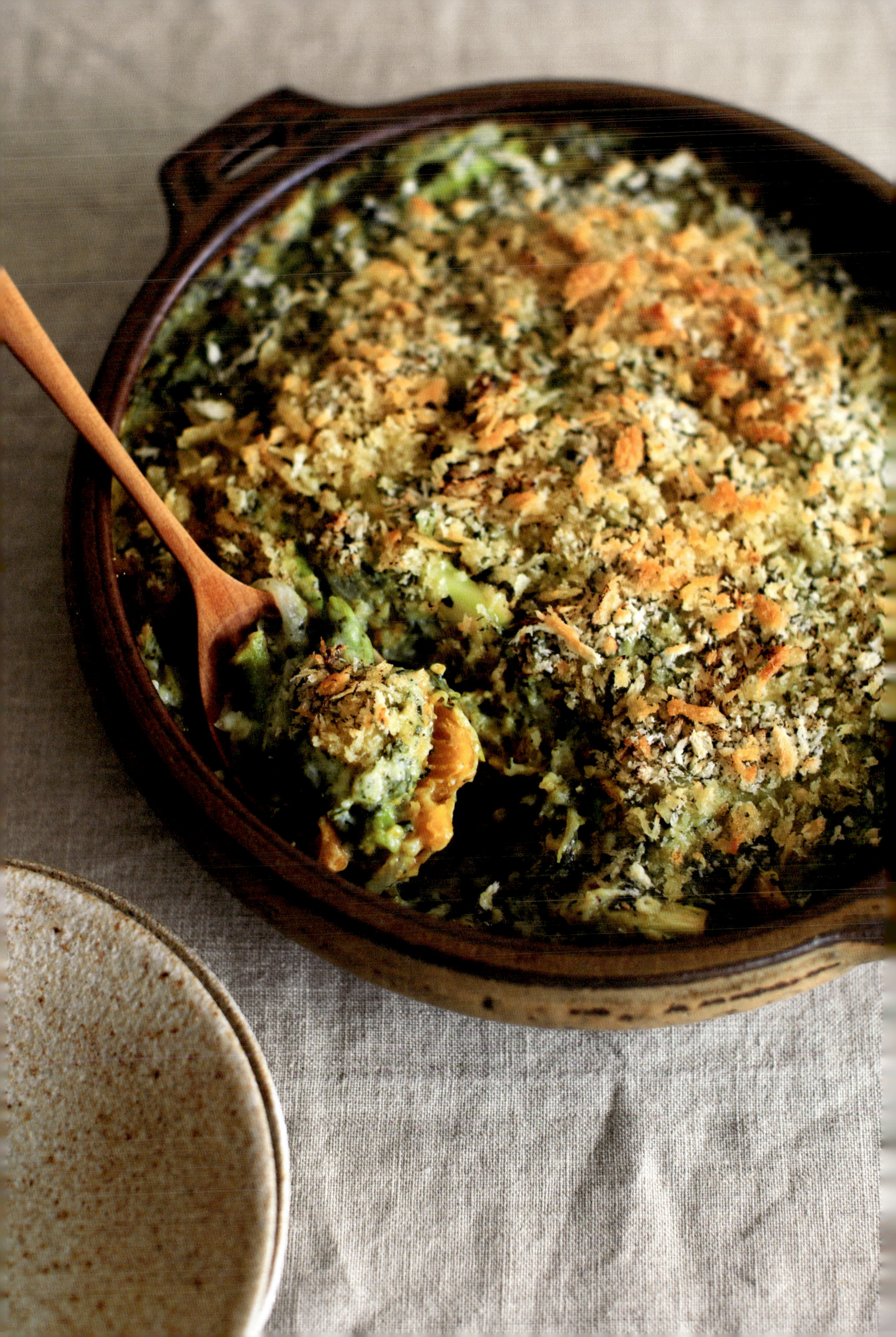

ほうれん草クリームの野菜グラタン

ほうれん草パテをクリーミーにのばして、やさしい味のグラタンに。
相性のいいかぼちゃ、アスパラガスを重ねて、こんがりとオーブンで焼きます。

材料（直径20cmのグラタン皿1台分）

かぼちゃ（5mm厚さに切る）… 150g
アスパラガス … 6本
パン粉 … 適量
〈ベシャメルソース〉
　玉ねぎ（スライス）… ½個分
　ほうれん草パテ（P58）… 150g
　無調整豆乳 … 300mℓ
　薄力粉 … 大さじ3
　EXVオリーブオイル … 大さじ2
　塩、黒こしょう … 適量

＊「ほうれん草パテ」を、P56〜59のほかの野菜パテに替えても、おいしくつくれます。

つくり方

1　フライパンにEXVオリーブオイル大さじ1（分量外）をひいて中火にかけ、かぼちゃの両面を1分ずつ焼き、塩少々（分量外）をふる。

2　アスパラガスは根元から5cmほど薄く皮をむき、30秒ほどゆでて、2〜3等分しておく。

3　〈ベシャメルソース〉をつくる。鍋にEXVオリーブオイルをひいて中火にかけ、玉ねぎを炒める。透きとおって甘みが出てきたら弱火に落とし、薄力粉を加えて粉っぽさがなくなるまで炒める。そこにパテ、豆乳を混ぜてひと煮立ちさせ（a、b）、塩、黒こしょうで味をととのえる。

4　グラタン皿にEXVオリーブオイル（分量外）を薄く塗り、3の〈ベシャメルソース〉、1のかぼちゃ、2のアスパラ、〈ベシャメルソース〉の順で重ねる（c、d）。パン粉をふってEXVオリーブオイル少々（分量外）をまわしかける。220℃に予熱したオーブンで5〜10分、キツネ色になるまで焼く。

・〈ベシャメルソース〉をつくるのが面倒なときは、パテを少し豆乳でゆるめたものをソースとして使って。

メウノータの
人気メニューから

3

持ちよりにもぴったり、野菜ケーク・サレ

「ケーク・サレ」とは、お酒のつまみになる塩味のケーキ。
型くずれしにくいので、持ちよりパーティーの一品にもおすすめです。

玉ねぎのケーク・サレ

卵もバターも使わないのに、ふわふわ、しっとりとした食感。
玉ねぎのシンプルな旨みと甘みをしっかりとじこめて焼きます。

材料（18×8cmのパウンド型1台分）

玉ねぎ（1cm角に切る）… 150g
A（合わせてふるっておく）
　薄力粉 … 50g
　全粒薄力粉 … 50g
　ベーキングパウダー … 5g
B　絹豆腐 … 60g
　EXVオリーブオイル … 大さじ2
　無調整豆乳 … 小さじ2
　塩 … 小さじ⅓（2g）
　てんさい糖 … ひとつまみ

つくり方

1 鍋にEXVオリーブオイル大さじ1（分量外）をひいて中火にかけ、玉ねぎを炒める。透きとおって甘みが出たら、バットなどに移してしっかり冷ます。
2 ボウルにBを入れて、泡立て器でなめらかになるまで混ぜ合わせる。
3 2にAを加えて、混ぜ合わせる。粉気がなくなってきたら、1の玉ねぎも加えてさっくりと混ぜる（a）。
4 オーブンペーパーを敷き込んだパウンド型に3を流し入れ、平らにならす（b）。
5 4を180℃に予熱しておいたオーブンで25分ほど焼く。竹串を刺して、生の生地がついてこなければ焼きあがり。型に入れたまま、網にのせて冷ます。

・玉ねぎを倍量に増やして、弱火であめ色になるまで炒めてから加えてもおいしいです。

アボカドの
グリーン・ケーク・サレ

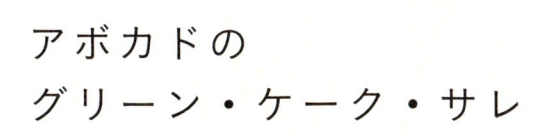

「玉ねぎのケーク・サレ」にアボカドをプラスするだけ！
まったりとしたアボカドの風味がたまらないおいしさです。

材料（18×8cmのパウンド型1台分）

アボカド（半分はつぶしてペーストに、半分は5mm厚さにスライス）… 1個分（約120g）
「玉ねぎのケーク・サレ」の材料

つくり方

1　「玉ねぎのケーク・サレ」つくり方1〜3と同じ手順で生地をつくる。
　　ただし、2でBを混ぜるときに、アボカドのペーストも加える。
2　オーブンペーパーを敷き込んだパウンド型に1の半量を流し入れ、
　　半量のアボカドスライスを重ねる。残りの半量の生地を流し入れた
　　ら、上に残りの半量のアボカドスライスを並べる。
3　「玉ねぎのケーク・サレ」と同じように焼く。

・しっかり冷めてから切ると、
　きれいにカットできます。

メウノータの
人気メニューから
4

つくり方をいつも聞かれる、シメの一品

しっかり飲んでつまんだあと、お客さんが最後に頼むのはやっぱり主食の一品。
「どうやってつくるの？」といつも聞かれる、人気メニューのレシピを公開！

雑穀ときのこのボロネーゼ

ひき肉の代わりに、赤ワインでもどした高野豆腐を使うのがポイント。
いろいろな野菜をきざんでじっくりコトコト煮込むので、深い味わいです。

材料（2人分）

〈ボロネーゼソース〉
- 玉ねぎ（みじん切り）… 1個分
- にんじん（みじん切り）… 1本分
- セロリ（みじん切り）… 60g
- きのこ（しめじ、まいたけなどをほぐす。えのきたけは3等分に切る）… 合わせて150g
- にんにく（みじん切り）… 1片分
- 高野豆腐（赤ワイン100mlに浸しておく）… 2枚
- 雑穀ミックス … 60g
- ホールトマト（つぶしておく）… 1缶（約400g）
- 水 … 250ml
- ローリエ … 1枚
- ナツメグ … 少々
- EXVオリーブオイル … 大さじ2
- 塩 … 小さじ1
- 黒こしょう … 少々

〈パスタ＆仕上げの材料〉
- スパゲティーニ … 160g
- にんにく（みじん切り）… 1/2片分
- EXVオリーブオイル … 大さじ1
- 無調整豆乳 … 50ml
- 塩、黒こしょう … 少々
- パセリ（みじん切り）… 適量

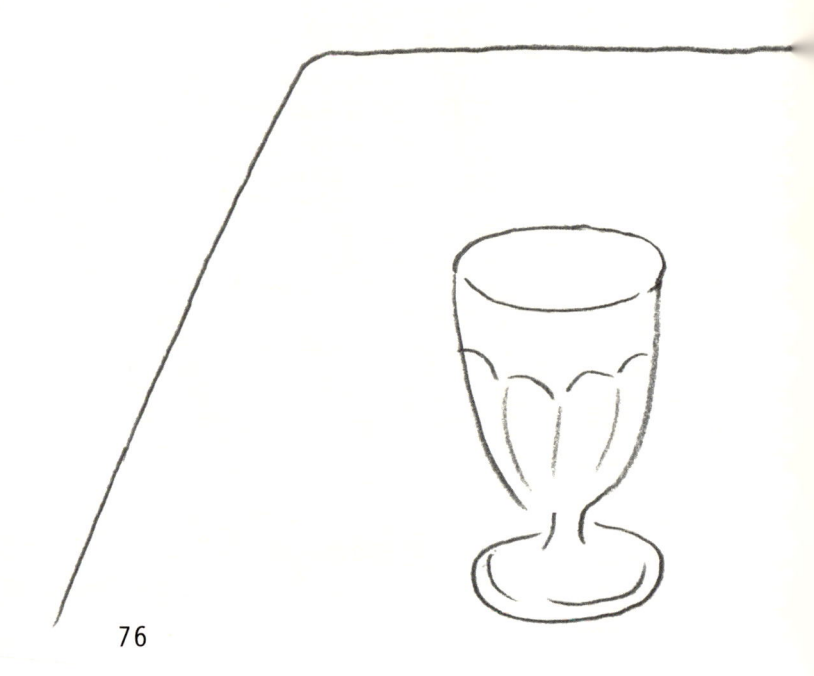

つくり方

〈ボロネーゼソース〉をつくる

1. 赤ワインに浸しておいた高野豆腐（a）をフードプロセッサーで粗みじん切りにする（b）。
2. 鍋にEXVオリーブオイル、にんにくを入れ、弱火にかける。にんにくから香りが出たら、玉ねぎ、ローリエ、塩ひとつまみ（分量外）を加えて、中火に変える。玉ねぎが透きとおって甘みが出るまで炒める。
3. 2にセロリ、にんじんを加えて炒め、甘みが出てきたら、きのこを加えて炒める。そこへ雑穀ミックス、水を加えてひと煮立ちしたら、フタをして弱火で5分煮る。
4. 3に1の高野豆腐、ホールトマト、ナツメグを加えて中火にする。ひと煮立ちしたら弱火に落として15分ほど煮込み、塩、黒こしょうで味をととのえる。これで**〈ボロネーゼソース〉**のできあがり（c）。

パスタをゆでて仕上げる

5. 鍋にたっぷりの湯を沸かし、湯量の1％の塩を加える。**〈パスタ＆仕上げの材料〉**のスパゲティーニをパッケージに表示されている時間を目安にゆで始める。
6. フライパンにEXVオリーブオイル、にんにくを入れ、弱火にかける。にんにくから香りが出て色づいてきたら、4の〈ボロネーゼソース〉300g、豆乳を加えてひと煮立ちさせる。
7. 5のゆであがったスパゲティーニを6に入れて和える。塩、黒こしょうで味をととのえて皿に盛り、パセリを散らす。

- 〈ボロネーゼソース〉のできあがり量は約1.2kg（8人分）。まとめて煮込んだほうがおいしくつくれます。余ったソースは冷蔵で5日、冷凍で1か月保存可能。ごはんにかけたり、フライドポテトに添えてもおいしいです。
- 高野豆腐は、フードプロセッサーがなければ、包丁で細かくきざんでください。

index

おもてなしに役立つ、料理のジャンル別さくいん

サラダ
豆乳リコッタチーズとトマトのサラダ	…… 36
豆乳リコッタチーズと和ハーブの雑穀玄米サラダ	…… 37
ヴィーガン・シーザーサラダ	…… 42

スープ
にんじんと根菜のチャウダー	…… 60
ごぼうのカプチーノ	…… 60
ほうれん草と厚揚げのカレースープ	…… 60
ヴィシソワーズ	…… 60
赤パプリカの冷たいココナッツスープ	…… 60

冷菜
アマランサスのタラモサラダ風	…… 19
焼きなすとアボカドのタルタル	…… 24
チェリートマトのナムル＆即席オイキムチ	…… 27
ブロッコリーの塩なめたけ山芋ソース	…… 28
酒粕パルミジャーノとメロンのブルスケッタ	…… 41
じゃがいもとくるみのテリーヌ	…… 64

温菜
根菜のアヒージョ	…… 13
ベジ・バーニャカウダ	…… 14
温かいキャロットラペ　焼きぶどう入り	…… 20
おからの蒸し春巻き	…… 28
ひよこ豆のハモス	…… 30
黒豆のハモス	…… 31
キャベツのステーキ	…… 47
里芋のローズマリー焼き	…… 48
ごぼうの照り焼きバーグ	…… 70
ほうれん草クリームの野菜グラタン	…… 72

揚げ物
しいたけのアーモンド揚げ＆豆乳タルタルソース	…… 20
れんこんとこんにゃくの竜田揚げ	…… 24
ズッキーニのファルシ　モッツァレラ風	…… 38
エリンギの磯辺揚げ	…… 52
ファラフェル	…… 53

サラダやスープ、揚げ物など、この本で紹介した料理を
ジャンル別にまとめました。おもてなしや家飲みの準備のほか、
毎日の食事づくりにも役立ててください。

ごはん・パスタ	青ねぎと青菜のジェノバ風ペンネ	…… 16
	凍り豆腐とカリカリお揚げの玄米チャーハン	…… 23
	カシューナッツクリームのカルボナーラ	…… 44
	ごぼうパテの雑穀玄米リゾット	…… 68
	赤パプリカのフジッリ・アラビアータ	…… 69
	雑穀ときのこのボロネーゼ	…… 76
粉もの	かぼちゃクッキーのレーズンバターサンド	…… 50
	にんじんのふわふわパンケーキ	…… 66
	玉ねぎのケーク・サレ	…… 74
	アボカドのグリーン・ケーク・サレ	…… 75
ドリンク	ジンジャーラッシー	…… 35
	スパイシーホットラム	…… 35
ベジソース	ベジ・アンチョビオイル	…… 12
	豆乳オランデーズソース	…… 18
	アップルジンジャー・チリソース	…… 22
	ねぎごま塩なめたけ	…… 26
ヴィーガンチーズ&バター	豆乳リコッタチーズ	…… 34
	酒粕パルミジャーノ	…… 40
	ヴィーガン・バター	…… 46
野菜パテ	基本のじゃがいもパテ	…… 56
	にんじんパテ	…… 58
	ほうれん草パテ	…… 58
	ごぼうパテ	…… 59
	赤パプリカパテ	…… 59

伴 奈美　Nami Ban

東京生まれ。東京・高円寺のヴィーガン料理レストラン「メウノータ」店主、ベジタリアンメニューコンサルタント。20代からさまざまなジャンルのレストランやカフェ、パティスリーなどで腕を磨く。
10年ほど前に仕事で訪れたニューヨークで、植物性の食材のみでつくる「ヴィーガン料理」と出合う。そのおいしさとおもしろさ、「だれでも分け隔てなくおいしく食べられる料理」に魅力を感じ、前職のレストランでは、ヴィーガン料理のレシピ開発を多数手がける。
2010年に独立し、「メウノータ」をオープン。
「五感を刺激する料理（見た目の美しさ、香りのよさ、噛んだときの音、多様な食感、奥深い味わい）」をモットーに日々、キッチンに立つ。

「vege&grain cafe meu nota（メウノータ）」
東京都杉並区高円寺南3-45-11 2F
tel: 03-5929-9422
http://meunota.com/

---

staff　　デザイン　　　　　桑平里美
　　　　　撮影　　　　　　　下村しのぶ
　　　　　調理アシスタント　三津間康隆（メウノータ）
　　　　　　　　　　　　　　湯本浩樹
　　　　　編集　　　　　　　大沼聡子

無国籍ヴィーガン食堂「メウノータ」の
野菜がおいしい！ベジつまみ

2013年11月30日　初版発行
2017年12月30日　2刷発行

著者　　伴 奈美
発行者　小野寺優
発行所　株式会社河出書房新社
　　　　〒151-0051　東京都渋谷区千駄ヶ谷2-32-2
　　　　tel: 03-3404-1201(営業) / 03-3404-8611(編集)
　　　　http://www.kawade.co.jp/
印刷・製本　凸版印刷株式会社

ISBN978-4-309-28410-1　Printed in Japan

本書の内容に関するお問い合わせは、お手紙かメール（jitsuyou@kawade.co.jp）にて承ります。
恐縮ですが、お電話でのお問い合わせはご遠慮くださいますようお願いいたします。

落丁・乱丁本はお取り替えいたします。
本書のコピー、スキャン、デジタル化等の無断複製は著作権法上での例外を除き、禁じられています。本書を代行業者などの第三者に依頼してスキャンやデジタル化することは、いかなる場合も著作権法違反となります。